평화의 도전:
하느님의 약속과
우리의 응답

〈일러두기〉
① 제2차 바티칸 공의회 문헌, 교황 문헌, 교회 문헌은 한국천주교주교회의 번역본을 따랐습니다.
② 교회 인물(해외)의 인명은 천주교 용어집의 용례를 따랐습니다.
③ 각주는 대괄호[ ] 숫자로 원문에 표시했으며, 내용은 미주에 있습니다. 역자주는 참조를 위해 역자들이 각주로 달았습니다.
④ 원문 내용을 강조하기 위해, 원문에는 없는 작은 따옴표를 사용했습니다.

CATHOLIC
PEACE
05

평화의 도전:
하느님의 약속과
우리의 응답

전쟁과 평화에 관한 미국 주교회의 사목 서한

| 가톨릭동북아평화연구소 번역팀 역 |

가톨릭동북아평화연구소

| 목차 |

요약   9
  I. 가톨릭교회의 가르침의 몇 가지 원칙, 규범과 전제들   15
    A. 전쟁에 관하여   15
    B. 억지력에 관하여   16
    C. 군비 경쟁과 군축에 관하여   17
    D. 개인의 양심에 관하여   18
  II. 윤리적 원칙과 정책 결정
    A. 핵무기 사용에 관하여   19
    B. 억지력에 관하여   21
    C. 평화 증진에 관하여   21

여는 말 (1~4항)   27
1장. 현대 세계에서의 평화 : 종교적 관점과 원칙 (5~26항)   33
  A. 평화와 하느님 나라 (27~29항)   48
    1. 구약 (30~38항)   50
      a. 전쟁   50
      b. 평화   51
      c. 평화 그리고 계약에 대한 충실성   52
      d. 종말론적 평화에 대한 희망   54

    2. 신약 (39~54항)   56
        a. 전쟁   57
        b. 예수님과 하느님 나라   59
        c. 예수님과 신앙 공동체   63
    3. 결론 (55항)   65
  B. 하느님 나라의 역사 (56~65항)   66
  C. 하느님 나라를 위한 윤리적 선택 (66~67항)   71
    1. 평화의 본성 (68~70항)   73
    2. 반전의 전제와 합법적 자기방어 원칙 (71~79항)   75
    3. 정당한 전쟁의 기준 (80~110항)   83
    4. 비폭력의 가치 (111~121항)   100

2장. 현대 세계에서의 전쟁과 평화 : 문제와 원칙 (122~125항)   107
  A. 새로운 순간 (126~138항)   111
  B. 종교적 지도력과 대중 토론 (139~141항)   118
  C. 핵무기 사용 (142~145항)   120
    윤리적 원칙과 정책 결정 (146항)   122
    1. 민간 지역을 대상으로 하는 전쟁 (147~149항)   122

2. 핵전쟁 개시 (150~156항)	124
3. 제한 핵전쟁 (157~161항)	127
D. 억지력의 원칙과 실제 (162항)	130
1. 억지 정책의 개념과 발달 (163~166항)	131
2. 억지력에 대한 윤리적 평가 (167~199항)	133
윤리 원리과 정책적 선택 (178-199항)	140
3장. 평화의 증진 : 제안과 정책 (200~273항)	155
A. 전쟁 위험을 줄이는 구체적 단계 (202항)	158
1. 군비 통제와 군축 과제의 가속화 (203~208항)	159
2. 모든 전쟁 위험의 최소화를 위한 지속적 노력 강조 (209~214항)	163
3. 핵과 재래식 방위의 관계 (215~219항)	165
4. 민방위 (220항)	168
5. 갈등 해결에서 비폭력 수단을 개발하려는 노력 (221~230항)	169
6. 양심의 역할 (231~233항)	174

B. 평화로운 세계 만들기 (234항) 175
　　　　1. 세계 질서에 관한 가톨릭교회의 가르침 (235~244항) 176
　　　　2. 무질서한 세계에서의 강대국들 (245~258항) 181
　　　　3. 상호 의존성: 사실에서 정책으로 (259~273항) 188

4장. 사목적 도전과 응답 (274~329항) 197
　　A. 교회 : 양심, 기도, 그리고 참회하는 공동체 (274~278항) 199
　　B. 사목적 응답의 요소들 (279항) 202
　　　　1. 교육 프로그램과 양심 형성 (280~283항) 202
　　　　2. '생명 존중'을 위한 진정한 평화 소명 (284~289항) 205
　　　　3. 기도 (290~296항) 208
　　　　4. 참회 (297~300항) 211
　　C. 도전과 희망 (301~329항) 214

맺는 말 (330~339항) 231

　　미주 240

요약

제2차 바티칸 공의회는 "전 인류는 성숙을 향해 나아가는 과정에서 최대 위기의 순간을 마주했습니다."라는 문장으로 현대 전쟁에 대한 평가를 시작합니다. 우리(미국가톨릭주교회의)는 공의회의 이 평가에 동의합니다. 위기의 순간은 핵무기가 이 세상에 그리고 이 세상에서 소중한 가치를 지닌 모든 것에 초래하는 위협을 통해 옵니다. 우리는 우리가 섬겨야 할 사람들의 삶에 핵 시대의 위기가 미치는 영향을 보고 또 느껴 왔습니다. 핵무기는 전쟁의 속성을 완전히 바꾸어 놓았고, 군비 경쟁은 인간 생명과 인류 문명에 전에 없던 위협이 되고 있습니다.

우리는 가톨릭 신앙의 관점에서 이 사목 서한을 씁니다. 신앙은 우리를 일상의 도전에서 멀어지게 하기는커녕, 부활하신 그리스도께서 사람의 모습으로 우리에게 오셨다는 복음의 빛으로 일상의 도전을 받아들이고픈 열망을 더 강하게 합니다. 이 서한에서 우리는 신앙과 이성의 원천을 통하여 이 시대를 살아가는 사람들에게 희망을 주고, 핵위협으로부터 해방된 세상으로 나아갈 방향을 제시하고 싶습니다.

가톨릭 주교로서 우리는 교육 소임을 실천하는 방편으로 이 서한을 씁니다. 가톨릭의 전쟁과 평화에 대한 전통은 산상설교에서부터 요한 바오로 2세 교황의 선언문에 이르기까지 유서가 깊고 다양합니다. 우리는 윤리적·종교적 가르침의 원천을 탐구하고 설명하며, 이를 우리 일상에서 마주하는 구체적인 질문에 적용하려 합니다. 이런 활동을 통해 우리는 이 서한에 담긴 모든 말이 동일한 윤리적 권위를 지니지 않는다는 사실을 깨달았고, 이 서한을 읽는 여러분도 이 점을 유의하시기 바랍니다. 때로 우리는 교회의 가르침에서 발견되는 보편적 구속력을 갖는 윤리 원칙을 언급합니다. 또 어떤 경우 이 사목 서한은 특수한 적용 사례, 관찰이나 권고 사항을 내놓아, 여러 상황에 대한 사실적인 정보를 다르게 평가하는 사람들이 다양한 의견을 제시할 수 있게 합니다. 그러나 우리는 가톨릭 신자들이 구체적인 문제에 대한 각자의 입장을 정립할 때, 우리가 제시한 윤리적 판단을 진지하게 고려해 주길 기대합니다.

이 서한을 준비하면서 우리는 전쟁과 평화 주제들에 관한 사실과 판단 문제에서 가톨릭 공동체 내에서도 다양한 층위가 존재한다는 사실을 확인할 수 있었습니다. 이 서한을 분석하고 논의할 때, 가톨릭교회 내 개인과 단체들이 서로를 존중하도록 촉구합니다. 물론 주교로서 우리는 그런 차이가 가톨릭교회의 윤리적 가르침의 틀 안에서 표현되어야 한다고 믿습니다. 우리 가톨릭교회는 확신과 투신뿐 아니라 시민 의식과 자비도 필요로 합니다.

이 서한은 원칙적으로 가톨릭 공동체를 대상으로 했지만, 이 서한이 핵 시대의 위험과 딜레마에 대한 대중적 논의를 확산시키는 데 기여하기를 바랍니다. 우리의 기여는 기술적이거나 정치적 차원에 그치지 않는 것으로, 우리가 직면한 문제의 윤리적이고 종교적인 차원을 고려하지 못한다면, 핵 시대의 인간 문제에 대한 만족스러운 해결책을 제시할 수 없을 것이라 확신합니다.

미국가톨릭주교회의 이름으로 작성했으나, 서한을 준비하면서 우리는 이 서한에 담긴 가르침이 미국뿐 아니라 다른 나라들에도 영향을 미친다는 점을 고려했습니다. 이런 인식이 표현된 중요한 예로, 우리는 유럽주교회의 대표자들과 서한을 통해 또 바티칸에서 중요한 회의(1983년 1월 18일과 19일)를 통해 논의를 거친 경우를 들 수 있습니다. 다른 나라 주교단과의 논의는 물론 교황청과 논의한 결과는 서한을 준비할 때 매우 큰 도움이 되었습니다.

가톨릭교회의 가르침은 평화를 언제나 긍정적인 의미로 이해합니다. 요한 바오로 2세 교황의 말을 인용하면, "평화는 단순히 전쟁의 부재가 아닙니다. (…) 평화는 마치 대성당과 같이 참을성 있게 그리고 흔들리지 않는 신앙으로 건설해야 합니다."(영국 코벤트리, 1982년) 평화는 질서의 열매입니다. 인간 사회의 질서는 하느님의 초월성과 각 개인의 고유한 존엄성에 대한 존중을 바탕으로 형성되며, 자유와 정의, 진리와 사랑이라는 이름으로 이해됩니다. 날이 갈수록 상호의존성이 높아지는 세상에서 전쟁을 피하는 일은 평화를 쌓아 올리려는 의지와 맞물려야 합니다. 이 서한 3장에서 우리는 평화에 대한 긍정적인 전망을 제시하고, 그 전망이 외교, 국가 정책 그리고 개인의 선택에 무엇을 요청하는지 소개할 것입니다.

끊임없이 평화를 추구하면서도, 공통의 문제에 직면하고 있으나 합당한 국제 정치적 권위가 존재하지 않는 국민국가들로 구성된 세계에서 무력 사용을 막는 일도 필요합니다. 핵 시대에 평화를 유지하는 일은 일종의 윤리적, 정치적 명령입니다. 이 서한 1장과 2장에서, 우리는 전쟁에 대한 가톨릭교회의 가르침의 원칙과 이 원칙에 기반을 두고 구체적인 정책에 관한 일련의 판단 기준들을 제시합니다. 이런 판단을 내릴 때 우리는 기술 전문가로서가 아니라 윤리 교사의 자격으로 말하려 합니다.

I. 가톨릭교회 가르침의 몇 가지 원칙, 규범과 전제들

A. 전쟁에 관하여

1. 가톨릭교회의 가르침은 모든 경우에 전쟁 반대와 분쟁의 평화적 해결이라는 전제에서 시작합니다. '정당한 전쟁'의 전통을 따르는 윤리적 원칙에 근거하여 예외적인 몇 가지 경우에 무력 사용을 허용합니다.
2. 모든 국가는 부당한 공격에 대항하여 자국을 방어할 권리와 의무가 있습니다.
3. 형태와 관계없이 침략 전쟁은 윤리적으로 정당하지 않습니다.
4. 핵무기나 재래식 무기를 사용하여 "도시 전체나 광범한 지역과 그 주민들에게 무차별 파괴를 자행하는 모든 전쟁 행위"(사목 헌장[1], 80항)는 절대로 허용하지 않습니다. 무고한 민간인이나 비전투원을 의도적으로 살상하는 행위는 언제나 잘못된 것입니다.
5. 부당한 공격에 대한 방어적 대응도 합법적 방어의 한계를 훨

---

[1] 역자 주 : 현대 세계의 교회에 대한 사목 헌장, 『기쁨과 희망(Gaudium et Spes)』을 지칭합니다. 특별히 구분해야 할 사유가 없는 경우 이 글에서는 사목 헌장으로 표기합니다.

씬 뛰어넘는 과잉방어가 될 때 비례성의 원칙을 위반하는 파괴가 따라올 수 있습니다. 이 판단은 핵무기 사용 계획을 평가할 때 특히 중요합니다. 핵무기든 재래식 무기든 비례성 원칙의 범위를 넘어서는 방어 전략은 윤리적으로 허용될 수 없습니다.

B. 억지력에 관하여

1. "현재 조건에서 세력 균형에 기반을 둔 '억지력'은 그 자체로 끝이 아니라 점진적 군비축소 과정의 한 단계인데, 이 또한 윤리적으로 수용될 수 있는 것인지 판단해보아야 할 것입니다. 그럼에도 불구하고 평화를 보장하기 위해서는 실제로 폭발할 위험에 항상 취약한 이 최소한의 기준에 만족하지 않는 것이 필수적입니다."(요한 바오로 2세 교황, 1982년 6월, "UN 군비 축소 특별 총회 담화문", 8항)
2. 구별(discrimination)이나 비례성 원칙을 위배하는 핵무기 사용 금지는 억지력 전략에 부합하는 것일 수 있습니다. 가톨릭 교회의 가르침이 윤리적으로 요구하는 것은 자기 생명이나 자기가 사랑하는 사람들의 생명을 구하기 위해 윤리적으로 악한 일을 저지르거나 그런 의도를 품지 않겠다는 단호한 의

지가 필요합니다.

3. 평화의 장기적 기초로서의 억지는 적절한 전략이 아닙니다. 이는 군비 축소와 무기 제재를 추구한다는 분명한 결단과 결부될 때만 일시적으로 정당화될 수 있는 과도기 전략입니다. 우리는 "전쟁 무기의 균형으로 평화가 이룩되는 것이 아니고, 상호 신뢰에 의해서 참된 평화가 확립된다는 원리를 이해"할 수 있다고 믿습니다. (지상의 평화, 113항)

C. 군비 경쟁과 군축에 관하여

1. 군비 경쟁이야말로 인류가 마주한 가장 끔찍한 저주들 가운데 하나입니다. 군비 경쟁은 위험이자 가난한 사람들을 향한 공격 행위이며, 이것이 약속하는 안보를 가져오지 못하는 어리석은 행동으로 단죄되어야 합니다. (교황청이 UN에 보내는 서한, 1976; 사목 헌장, 81항 참조)

2. 협상은 가능한 모든 형태로 진행되어야 합니다. 협상은 "군비 경쟁을 중단하고, 상호 간에 동시적으로 이미 존재하는 무기들을 축소하고, 핵무기 개발을 금지하고, 결국 완전한 무장 해제 상태에서 효과적 감시 체제를 운영하도록 촉구"해야 합니다. (지상의 평화, 112항)

D. 개인의 양심에 관하여

1. **군 복무** : "조국 봉사에 몸 바쳐 군대 생활을 하는 사람들은 자신을 국민의 안전과 자유를 지키는 역군으로 생각하여야 한다. 이 임무를 올바로 수행할 때에 그들은 참으로 평화 정착에 이바지하는 것이다." (사목 헌장, 79항)
2. **양심적 병역 거부** : "그뿐 아니라 양심의 동기에서 무기 사용을 거부하는 사람들의 경우를 위한 법률을 인간답게 마련하여, 인간 공동체에 대한 다른 형태의 봉사를 인정하는 것이 마땅하다." (사목 헌장, 79항)
3. **비폭력** : "똑같은 정신으로, 권리 주장에서 폭력 행위를 거부하고, 또한 다른 사람이나 공동체의 권리와 의무를 침해하지 않는 가운데, 약자에게도 주어지는 방위 수단에 의지하는 사람들을 우리는 치하하지 않을 수 없다." (사목 헌장, 78항)
4. **시민과 양심** : "다시 한 번 여기서 모든 인간들이 공적 생활에 능동적으로 참여하고 인류 가족과 각국의 공동선 실현에 기여하도록 권고하는 바이다. … 다시 말하면 인간은 자기 자신의 내면 안에서 영적 가치들과 과학적, 기술적, 전문적 요소들을 종합하면서 현세적 활동을 전개해야 한다." (지상의 평화, 146항, 150항)

II. 윤리적 원칙과 정책 결정

우리는 미국 주교단으로서 미국 사회의 구체적인 상황을 평가하면서, 특정 정책 결정에 윤리적 원칙을 적용하는 과정에 도움이 될 수 있도록 몇 가지 관찰의 결과와 권고를 제시하고자 합니다.

A. 핵무기 사용에 관하여

1. 민간인을 대상으로 하는 무기 사용 : 어떤 경우에도 핵무기나 기타 대량 살상 무기를 인구 밀집 지역이나 주로 민간인이 거주하는 지역을 파괴할 목적으로 사용해서는 안 됩니다. 무차별적이고 비대칭적으로 무고한 민간인, 이들 정부의 무모한 행동에 전혀 책임이 없는 사람들의 생명을 앗아가는 보복 행위 역시 비난받아야 합니다.
2. 핵전쟁 도발 : 우리는 핵전쟁을 고의적으로 개시하는 경우는 아무리 제한적인 규모라고 하더라도 윤리적으로 정당화될 수 없다고 생각합니다. 다른 국가의 비핵 공격에 대항할 때는 핵무기가 아닌 다른 수단을 사용해야 합니다. 따라서 가능한 한 신속하게 비핵 방어 전략을 개발해야 할 심각한 윤리적

의무가 존재합니다. 이 서한에서 우리는 북대서양조약기구(North Atlantic Treaty Organization, 이하 NATO)에 가능한 빠른 시일 내에 '우선 사용 금지'[2] 정책을 채택하는 방향으로 나갈 것을 촉구합니다만, 동시에 이 정책을 이행하는데, 또 적절한 대체 방위 태세를 구축하는 데는 어느 정도 시간이 필요하다는 점도 인정합니다.

3. **제한 핵전쟁**: 이 문제에 대하여 벌인 다양한 논쟁을 면밀히 검토해 보니, '제한적'이라는 말의 본뜻에 대해 매우 회의적 입장을 갖게 됩니다. 정당한 전쟁이라는 가르침의 기준 가운데 하나는 정의와 평화를 가져올 것이라는 성공에 대한 합리적 희망이 존재해야 한다는 것입니다. 그런데 서로 핵무기를 사용하는 순간, 과연 앞서 말한 가능성이 존재할 수 있는지 묻지 않을 수 없습니다. 의미 있는 제한이 가능하다고 주장하는 사람들이 이를 입증해야 합니다. 우리 생각에 가장 우선적인 임무는 어떤 핵무기도 사용하지 못하게 만드는 것입니다. 각국의 지도자들이 핵 분쟁이 제한적일 수 있다거나, 봉쇄할 수

---

[2] 역자 주: 'No first use(NFU)', 즉 '우선 사용 금지'는 적이 먼저 핵무기로 공격하지 않는 한, 핵무기를 전쟁 수단으로 사용하지 않겠다는 서약 또는 정책을 말합니다. NATO는 NFU 정책을 채택하라는 요구를 반복적으로 거부했는데 다음과 같은 이유에서였습니다. 유라시아 대륙에서 압도적인 양과 성능을 갖춘 재래식 무기로 무장한 소련군에게 확실한 억제력을 갖기 위해서는 선제 핵공격이 핵심 옵션이라는 이유에서였습니다.

있다거나, 전통적 의미에서 승리할 수 있을 것이라는 생각을 거부할 수 있기를 바랍니다.

B. 억지력에 관하여

요한 바오로 2세 교황의 평가에 호응하여, 우리는 윤리적으로 엄격한 단서를 다는 조건으로 핵무기의 억지력을 수용하였습니다. 이 서한에서 우리는 핵무기 억제 정책을 조건부로 수용하는 의미를 확인시켜주는 기준과 권고 사항을 개략적으로 설명했습니다. 우리는 그러한 정책이 평화의 장기적 기초가 될 수 있다고 생각하지 않습니다.

C. 평화 증진에 관하여

1. 핵무기 시험, 제작, 사용 등을 당장 멈출 즉각적이고 상호 검증 가능한 합의를 지지합니다. 이 권고사항은 특정한 정책 구상이 되지 않아야 합니다.
2. 두 강대국(미·소)이 군비를 대규모로 축소하려는 노력을 지지합니다. 이런 노력은 먼저 양 강대국 어느 쪽이든 보복 능력을 위협하는 시스템에 초점을 맞춰야 합니다.

3. 포괄적 핵실험 금지 조약의 조속하고 성공적인 협상 타결을 지지합니다.
4. 우리는 전 세계에 핵무기가 확산되는 것을 막고, 재래식 무기 경쟁, 특히 재래식 무기 거래를 통제할 새로운 노력을 촉구합니다.
5. 우리는 점차 상호의존성이 높아가는 세계에서 인간 존엄성을 옹호하고, 특히 우리 가운데 가장 약한 사람들을 포함하여 모든 사람의 인권을 증진시키는 정치, 경제 정책 수립을 지지합니다. 이런 맥락에서 우리는 국제 공동선의 요구를 적절히 충족시킬 수 있는 일정한 형태의 세계적 권위를 갖는 기구의 설립을 요청합니다.

이 서한에는 윤리학, 정치학, 전략의 관점에서 제2차 바티칸 공의회에서 말한 '최대 위기의 순간'에 관해 구체적이고 정확하게 밝힐 필요가 있는 몇 가지 판단이 담겨 있습니다. 다시 강조하건데, 독자들은 우리의 윤리 원칙과 가톨릭교회의 공식 가르침에 대해 우리가 말한 것과 구체적인 이슈에 이 진술을 적용한 내용을 구분해야 합니다. 일부 구절을 맥락과 동떨어지게 사용하지 않도록 각별히 주의하기 바랍니다. 또 이 서한에 담긴 가르침의 정신에 맞지 않거나 이 문서가 전달하지 않은 내용을 뒷받침하기 위해 일부 구절만 인용하는 것도 하지 말아야 합니다.

요약문을 마무리하며, 이 서한에 관해 제기된 두 가지 중요한 질문에 답하려 합니다.

왜 우리는 그리 복잡하고 논란과 격정이 뒤얽힌 이 문제들을 다루는 것일까요? 우리는 정치인이 아니라 사목자로서 말합니다. 우리는 교사이지 전문가가 아닙니다. 우리는 우리가 살고 있는 세계와 국가 이전에 먼저 선택의 윤리적 차원을 고양시킬 책임을 져야 합니다. 핵 시대는 물리적 위험에 직면한 시대일 뿐 아니라 윤리의 시대이기도 합니다. 우리는 세상 창조 이래 창조 질서를 위협하는 힘을 갖게 된 첫 세대입니다. 우리는 그러한 위험 앞에서 침묵할 수 없습니다. 우리는 왜 이 주제를 다루는 것일까요? 우리 시대와 상황 속에서 평화를 이루는 사람이 되라는 예수님의 부르심에 응답하고자 할 뿐입니다.

우리가 말하려는 요지는 무엇일까요? 근본적으로, 우리는 핵무기와 관련된 결정이 우리 시대의 가장 긴박한 윤리 문제들 가운데 하나라는 점을 말하고자 합니다. 이런 결정에는 당연히 군사적·정치적 측면이 들어 있지만 근본적인 윤리적 선택의 측면도 들어 있습니다. 간단히 말해 선한 목적(한 국가를 방어하고 자유를 보호한다는)이 (무차별적으로 살상하고 사회 전체를 위협하는 무기의 사용 같은) 비윤리적인 수단을 정당화할 수 없다는 것입니다. 우리는 세상과 국가가 잘못된 방향으로 나아가고 있는 것에 두려움을 느낍니다. 더 큰 잠재적 파괴력을 가진 무기가 나날이 생산되고 있습니다. 점점 더 많은 국가들이 핵보유국이 되고 싶어 합니다. 더 큰 안보를 추구하는 과정에서, 실제로는 훨씬 더 위험해지는 것이 두렵습니다.

교황은 우리에게 '윤리의 180도 전환'이 필요하다고 말씀하셨습니다. 전 세계는 윤리적 용기와 기술적 수단을 활용하여 핵 분쟁을 거부해야 합니다. 대규모 살상 무기를 거부하고, 가난한 이와 취약한 이를 착취하는 군비 경쟁도 거부해야 합니다. 인류를 끊임없는 테러인가 항복인가라는 저항할 수 없는 선택 앞에 밀어 넣는 핵 시대의 윤리적 위험을 거부해야 합니다. 평화를 만들어가는 일은 다른 선택이 가능한 투신이 아닙니다. 그것은 우리 신앙의 필수 조건입니다. 우리는 평화를 이루는 사람이 되도록 불리었습니다. 이 시대의 여느 운동 중 하나가 아니라 바로 우리 주님이신 예수님이 우릴 부르신 것입니다. 우리가 만들어갈 평화의 내용과 맥락은 어떤 정치적 현안이나 이념적 프로그램이 아니라 예수님 교회의 가르침에 따라 만들어야 합니다.

궁극적으로 이 서한은 그리스도인의 신앙을 표현하고, 지금 같은 위기의 순간에 우리가 부활하신 예수님 안에 머물러 있다는 믿음을 재확인하기 위해 마련되었습니다. 주님의 현존과 그분의 힘을 믿는 우리의 신앙이 핵 시대의 도전에 맞설 수 있도록 우리를 지탱해줄 것입니다. 우리는 신앙에 뿌리를 두고 그 도전을 인식하고 신앙과 이성의 원천으로 그 위기에 맞서려 노력하는 모든 사람들에게 희망을 주기 위해 이 서한을 씁니다.

신앙으로 핵 시대에 맞서는 데는 기도가 절대적으로 필요하다는 것을 깨달아야 합니다. 우리는 모든 사람을 위한 정의로운 평화를 위해 끊임없이 기도해 주기를 청하고, 또 초대합니다. 기도로 충만한 희망의 정신으로 우리는 이 평화의 메시지를 전합니다.

여는 말

1. "전 인류는 성숙을 향해 나아가는 과정에서 최대 위기의 순간을 마주했습니다." 제2차 바티칸 공의회는 현대 전쟁에 대한 논의의 장을 이 문장으로 열었습니다.[1] 공의회 이후, 핵무기 경쟁이 더 극심해졌습니다. 오늘날 핵전쟁에 대한 우려는 너무나 분명해 거의 손으로 잡을 수 있을 정도입니다. 요한 바오로 2세 교황은 UN에서 핵 군축에 대해 다음과 같이 말했습니다. "현재 세계 각지의 수많은 집단이 드러내는 공포와 선입견은, 무책임한 무리들이 핵전쟁을 일으킬 경우 어떤 사태가 벌어질 지에 대해 사람들이 훨씬 더 두려워할 것이라는 점을 보여줍니다."[2]

2. 핵무기를 소유한 강대국들 가운데 하나인 미국에서 사목하는 주교와 사제인 우리는 신자들의 생각과 마음에 있는 이런 두려움을 확인해왔으며, 저희도 이에 공감하고 있습니다. 우리는 세계가 지금 위기의 순간에 있다는 사실에 공감하기에 이 서한을 씁

니다. 이런 위기는 사람들의 일상생활에 직접 영향을 미칩니다. 두려움을 이용하려는 게 아닙니다. 오히려 우리는 이 두려움의 시대에 희망과 용기의 말을 전하려 합니다. 신앙이 우리가 삶에서 만나게 되는 어려운 문제들을 다 해결해주진 않습니다. 오히려 신앙은 역사의 주님이신 예수님이 사람으로 오셨다는 복음에 기초하여 이 문제들을 정확히 해결하도록 우리 열망을 강하게 해주는 역할을 합니다. 신앙이라는 원천에 바탕을 두고, 우리는 핵 위협에서 자유로운 세상을 위해 힘쓰는 모든 사람에게 희망과 힘을 주고 싶습니다. 희망은 위험에 압도당하지 않고 위험과 더불어 살아갈 수 있는 우리 능력을 받쳐줍니다. 희망은 감당하기 어려울 것처럼 보이는 장애물도 극복할 수 있게 해주는 의지입니다. 궁극에 희망은 우리에게 생명을 주시고, 그분의 권능으로 이 세상을 지탱하시며, 각 사람과 모든 민족의 생명을 경외하도록 부르시는 하느님께 두는 것입니다.

3. 우리가 말하는 위기는 이러한 사실에서 비롯되는 것입니다. 핵전쟁은 지구의 생존을 위협합니다. 이제까지 우리가 알았던 그 어떤 위협보다 더 큰 위협입니다. 인간이 이런 위협 속에 산다는 건 참아서도 안 되고 필요한 일도 아닙니다. 그러나 이 위협을 제거하려면 지성, 용기, 신앙과 같은 큰 노력이 필요합니다. 요한 바

오로 2세 교황이 일본 히로시마에서 연설하였듯이, "이제부터 인류는 오로지 의식적인 선택과 신중한 정책을 통해서만 살아남을 수 있습니다."[3]

4. 핵무기를 가장 먼저 개발하였고, 핵무기를 사용한 유일한 나라, 핵 시대로 나아가는 과정에 결정적인 영향을 미칠 수 있는 몇 안 되는 나라 가운데 하나인 미국 시민으로서, 우리는 인류를 구하기 위해 '의식적인 선택'을 해야 한다는 무거운 인간적, 윤리적, 정치적 책임을 느낍니다. 그러므로 이 서한은 '최대 위기의 순간'에 요청되는 의식적인 선택과 신중한 정책을 수립하는 일에 다른 사람들과 연대하도록 미국 가톨릭 신자들에게 보내는 초대이자 도전입니다.

1장

현대 세계에서의 평화 : 종교적 관점과 원칙

5. 전 세계에 도사리고 있는 핵전쟁의 위협은 보편 교회가 우려하는 주된 사안입니다. 이 우려는 근래의 몇몇 교황의 말씀이나 행적, 제2차 바티칸 공의회에서도 생생히 확인됩니다. 우리는 보편교회의 주교, 지난 40년 동안의 현대 전쟁에 대한 종교적 윤리적 가르침의 계승자 자격으로 말하려 합니다. 또 우리는 미국 가톨릭교회의 주교 자격으로 말하고자 합니다. 우리는 가톨릭교회 전통이 지닌 윤리적이며 종교적인 지혜를 나누고 해석할 의무와 기회가 있기에, 그 지혜를 오늘날의 전쟁과 평화 문제들에 적용시켜보려 합니다.

6. 핵 위협은 종교, 문화, 국가의 경계를 초월합니다. 핵 위협이 지닌 위험에 맞서려면 신앙과 이성으로 동원할 수 있는 모든 자원이 요구됩니다. 이 사목 서한은 보다 폭넓고 보편적인 노력을 지향합니다. 다시 말해 가톨릭교회뿐 아니라 정치 공동체를 이루는

모든 구성원들을 대화에 초대하고, 이 커다란 질문의 구체적 결론을 함께 이끌어내기를 바랍니다.

7. 전쟁과 평화에 대한 가톨릭 전통은 산상설교에서부터 요한 바오로 2세 교황의 여러 문헌에 이르기까지 오랜 시간 복잡하게 이어집니다. 그 발전 과정은 단선적이지 않습니다. 복잡한 질문들에 대해 단순 명쾌한 답을 제공하지도 않습니다. 전쟁과 평화에 대한 가톨릭 전통은 오늘날에도 다양한 목소리를 내고, 다양한 형태로 종교적 증언을 내놓습니다. 이런 가톨릭교회 전통 안에 머무르며 이 안에서 답을 이끌어내고 또 발전시키는데, 우리에게 깊은 영감을 주고 우리를 인도해주는 문서가 제2차 바티칸 공의회 문헌 가운데 하나인 사목 헌장입니다. 사목 헌장은 교의적 원칙을 바탕에 두고, 우리 시대의 가장 긴급한 문제인 교회와 세상의 관계를 다루고 있기 때문입니다.[4]

8. 제2차 바티칸 공의회의 사목 헌장과 이 사목 서한이 지니는 권위에는 차이가 있지만, 사목 헌장의 핵심을 읽어내는 규칙은 이 사목 서한을 읽을 때도 중요합니다. 두 문헌은 모두 가톨릭교회의 윤리적 가르침을 원칙으로 차용하여, 현대 사회의 특정 문제들을 관찰하는 데 적용합니다. 제2차 바티칸 공의회 교부들은 이 원칙

을 구체적인 사안에 적용하는 방법에 관해 다음의 지침을 제시하며 사목 헌장을 시작합니다.

　　1부에서 교회는 인간, 인간 존재의 포괄적 맥락인 세계, 그리고 한 인간이 동료 인간과 맺는 관계에 관한 가르침을 밝힌다. 2부에서는 현대 생활과 인간 사회의 여러 측면을 면밀히 고찰하는데, 특히 우리 시대의 전반적인 영역에서 한층 더 급박해 보이는 질문과 문제에 대해 더 깊이 고찰한다. 그 결과 2부에서 교리적 원칙에 비추어 볼 주제는 다양한 요소로 이루어져 있다. 어떤 요소는 영구적인 가치를 지니지만 또 어떤 요소는 일시적인 가치를 지닐 뿐이다. 따라서 이 헌장은 신학적 해석의 일반 규범에 따라 해석되어야 하는데, 특히 2부에서는 그 주제가 본질적으로 내포하는 가변적인 상황을 염두에 두고 해석해야 한다.[5]

9. 이 사목 서한에서도 우리는 군비경쟁, 현대 전쟁, 무기 체계, 협상 전략에 관한 여러 구체적인 질문을 언급합니다. 위 문제에 대해 우리가 내놓는 견해들이 보편적 윤리 원칙이나 교회의 공식 가르침과 동일한 윤리적 권위를 갖게 하려는 의도는 없습니다. 사실 우리는 이 사목 서한의 모든 세부 진술이 보편교회의 가르침과

동일한 윤리적 권위를 갖는 것이 아님을 서두에서부터 강조하려 합니다. 우리는 보편적으로 구속력 있는 윤리적 원칙(예를 들어, 비전투원 면책과 비례성 원칙 등)을 다시 정의하고, 최근 교황 문헌과 제2차 바티칸 공의회의 가르침을 재확인합니다. 또 때로는 구체적인 사례에 윤리 원칙을 적용하기도 합니다.

10. 우리는 윤리 원칙을 현실 문제에 적용할 때는 구체적인 상황에 바탕을 두고 신중한 판단을 내려야 함을 잘 알고 있으며, 여러분도 그러기를 바랍니다. 구체적인 상황은 바뀔 수 있고, 선한 의지를 지닌 사람도 달리 해석할 수 있습니다(예를 들어, '우선 사용 금지'에 대한 논의). 그러나 우리가 특정 문제들에 대해 내놓는 윤리적 판단들을 신자들은 양심에 거리낌 없이 각별한 주의를 기울이며 숙고할 수 있어야 합니다. 그래야 윤리적 판단을 복음과 계속 일치시켜 나갈 수 있습니다.

11. 윤리 원칙을 적용할 때마다 우리는 형식적으로나 내용적으로 적확하게 표현하도록 최선을 다할 것입니다. 우리는 이와 같은 구체적인 판단들이 이 사목 서한의 중요한 부분이라 생각합니다. 하지만 이런 판단들을 해석할 때는 사목 헌장의 다음과 같은 내용도 반드시 고려해야 합니다.

사물에 대한 그리스도교 가치관에 따라 어떤 환경에서 결정적인 해결책을 강구하여야 할 때가 자주 있을 것이다. 그러나 다른 신자들은 똑같이 진지한 태도로 똑같은 일에 대하여 달리 판단할 것이다. 이런 일은 매우 자주 또 당연하게 일어나는 것이다. 여기저기에서 제시되는 해결책들을 많은 이들이 당사자들의 의도와 달리 쉽게 복음의 메시지와 결부시킬 때에는, 어느 누구도 그런 사건에서 자기 의견을 위해 배타적으로 교회의 권위를 주장할 수 없다는 사실을 명심하여야 한다. 언제나 진지한 대화를 통하여 서로 빛을 비추어 주도록 노력하며 서로 사랑을 간직하고 무엇보다도 공동선에 관심을 기울여야 한다.[6]

12. 이 구절은 몇몇 복잡한 사회 문제들에 대해 각각이 보편적 윤리 원칙들을 담고 있음에도 교회가 어느 정도는 다양한 관점을 기대하고 있음을 보여줍니다. 이 사목 서한을 준비하면서, 우리는 가톨릭 공동체 내에 전쟁과 평화에 대해 다양한 층위의 강한 주장이 존재한다는 사실을 확인할 수 있었습니다. 우리는 미국 주교단으로서 분명히 이런 차이들이 가톨릭교회의 윤리적 가르침 안에 표현되어야 한다고 믿습니다. 이 사목 서한을 분석하거나 이 사목 서한이 제시하는 문제들에 대해 논의할 때 교회의 서로 다른 단체

들끼리 서로 존중해주시기를 간청합니다. 교회에는 확신과 투신 뿐 아니라 시민의식과 자비도 필요합니다.

13. 사목 헌장은 우리로 하여금 복음의 빛으로 '시대의 징표'를 비춰보기를 요청합니다. 이 사목 서한을 쓰는 데 세 가지의 시대 징표가 특히 영향을 미쳤습니다. 첫째는 요한 바오로 2세 교황이 UN에서 연설하신 내용입니다. 요한 바오로 2세 교황은 "세상은 평화를 원합니다. 세상에는 평화가 필요합니다"[7]라고 연설하였습니다. 둘째는 제2차 바티칸 공의회가 군비 경쟁에 대해 내린 판단입니다. "군비 경쟁은 인류의 극심한 역병이며 가난한 사람들에게 견딜 수 없는 상처를 입히는 것입니다."[8] 셋째는 핵무기 경쟁이 갖는 나름의 위험과 동학에서 나타나는 질적으로 새로운 문제들입니다. 이런 문제들은 전통적인 윤리 원칙을 새롭게 적용하면서 해결해야 합니다. 우리는 이런 세 가지 특징에 초점을 맞추며 가톨릭교회의 평화와 전쟁에 대한 가르침을 살펴보려 합니다.

14. 사목 헌장과 요한 바오로 2세 교황의 가르침에 예시된 교회의 사회 교리 전통은 시대가 직면한 구체적인 문제들에 관한 성서, 신학, 철학적 요소들의 혼합체입니다. 이 세상을 창조주께서

창조하시고 보존하시며, 죄로 인해 손상되었으나 그리스도 안에서 구원되어 하느님 나라로 들어갈 운명이라는 성경의 전망은 우리 신앙유산의 핵심입니다. 어느 시대나 이런 비전을 면밀히 검토하고, 설명하고, 적용해야 합니다. 신학의 중요한 임무는 평화에 대한 성서적 전망의 본질을 관통하는 정신을 아직 평화가 도래하지 않은 이 세상에 적용하는 것입니다. 결과적으로 평화에 대한 가르침은 더욱 평화로운 세상을 건설하는 방법과 전쟁 현상(現狀)을 평가하는 방법을 모두 검토합니다.

15. 평화에 대한 교회의 가르침과 모든 가톨릭 사회 교리의 중심에는 하느님의 초월성과 인간의 존엄성이 있습니다. 인간은 세상에서 하느님이 현존하심을 명확히 드러내주는 모상입니다. 정의와 평화를 추구하는 교회의 모든 활동은 모든 인간의 존엄성을 보호하고 증진하기 위한 것입니다. 모든 인간은 하느님을 드러내 줄 뿐 아니라, 하느님의 창조 사업과 그리스도의 구원 사업의 의미도 보여줍니다. 그리스도인들은 두려움과 경외심을 지니고 전쟁과 평화 문제에 접근합니다. 하느님은 삶의 주인이시고 모든 인간의 삶은 성스러운 것입니다. 현대 전쟁은 이전에는 상상할 수 없었던 규모로 인간의 삶을 소멸시키려 위협합니다. 이전 세대가 이런 문제에 접근할 때 느꼈던 경외심과 '주님에 대한 두려움'이

우리에게도 절박함으로 다가옵니다. 사목 헌장은 이에 대해 다음과 같이 표현합니다.

> 현대인들은 자신의 전쟁 행위에 대하여 무거운 셈을 치르게 될 것임을 알아야 한다. 미래 시대의 흐름은 현대인들이 오늘 내리는 결정에 크게 좌우될 것이다.[9]

16. 평화와 전쟁에 대한 가톨릭교회의 가르침은 두 가지 목적을 지니고 있습니다. 가톨릭 신자들이 양심을 형성하도록 돕고, 전쟁의 윤리성에 대한 공공 정책 토론에 기여하는 것입니다. 이 두 가지 목적을 바탕으로, 가톨릭교회는 서로 다르지만 공통점을 지니는 두 부류의 청중을 대상으로 합니다. 첫 번째는 복음과 가톨릭의 윤리적 가르침을 원칙으로 양성된 가톨릭 신자들입니다. 두 번째는 보다 폭넓은 시민 공동체로서, 그리스도인이라는 이름을 공유하는 우리의 형제자매, 유대인, 무슬림, 기타 종교 공동체와 선한 의지를 지닌 모든 사람을 포함하는 더욱 다원적인 청중입니다. 이들은 모두 우리 정치조직체의 구성원이 될 수 있습니다. 가톨릭교회의 가르침은 전통적으로 이 두 부류의 사람들 모두에 다가가려 했습니다. 이 사목 서한에서 우리 역시 가톨릭 신자들이 광범위한 정치 공동체의 일원임을 인정하면서 이 두 부류의 청중

모두에게 이야기하려 합니다.

17. 가톨릭 교회론(Catholic ecclesiology)에 뿌리를 둔, 신자 공동체와 시민 공동체 모두가 평화와 전쟁에 관심을 가져야 한다는 신념은 서로 보완하면서도 뚜렷이 다른 두 개의 교수법을 만들어 냈습니다. 종교 공동체는 믿음이라는 특정 관점을 공유하며 이를 실행하도록 요청 받을 수 있습니다. 보다 폭넓은 시민 공동체는 비록 믿음에 대해 같은 관점을 공유하고 있진 않지만, 어떤 핵심적인 윤리 원칙은 따라야 합니다. 인간은 하느님께서 자기 마음속에 새겨 주신 법을 지니고 있으며, 인간은 양심의 깊은 곳에서 이 법을 발견합니다.[10] 이 (자연)법에서 윤리적 규범이 나오는 것입니다. 이런 윤리적 규범들이 복음의 비전을 충분하게 반영하진 않지만, 인류 공동체의 복지, 국제 관계 안에서의 국가의 역할, 전쟁과 평화 문제에서 개인과 국가에 허용되는 행위의 범위 등에 영향을 미치는 중요한 질문들을 다룹니다.

18. 이 두 가지 방식의 예를 최근에 나온 가톨릭교회의 가르침에서 발견할 수 있습니다. 때로는 공정한 공공정책에 대한 문제와 요구 사항을 강조합니다(예: 1982년 UN 특별 총회에서의 요한 바오로 2세 교황). 또 어떤 때는 그리스도인이 수행해야 할 특정 역할을

강조하기도 합니다(예: 1982년 영국 코벤트리에서 요한 바오로 2세 교황). 요한 23세 교황의 『지상의 평화』와 제2차 바티칸 공의회 문헌에서도 이런 강조와 지향점의 차이를 발견할 수 있습니다.

19. 교회의 윤리적 가르침의 본질과 가톨릭 교회론의 원칙, 그리고 사목적 직무에 입각하여, 주교인 우리는 (이 사목 서한을 통해) 공공 정책과 관련해 가톨릭 신자에게는 특별한 방식으로, 또 보다 넓은 정치 공동체에게도 말할 수 있을 것이라 믿습니다. 해당 주제가 핵무기 경쟁 같은 포괄적 차원을 가지고 있을 때 청중과의 소통 방식 모두에 주의를 기울여야 합니다.

20. 그러므로 우리는 국민과 국가들 간의 평화에 대한 종교적 전망과 중심적 권위 없이 서로 다른 이데올로기, 지역, 상충되는 주장으로 갈라져 있는 주권 국가들로 이뤄진 이 세상에서 이 전망을 실현하는 것과 연관된 문제 둘 다를 논의하자고 제안합니다. 우리는 종교적 전망이 객관적 근거를 지니고 있으며 점진적으로 실현될 수 있다고 믿습니다. 그리스도는 우리의 평화입니다. 왜냐하면 그 분께서는 "당신의 몸으로 유다인과 이민족을 하나로 만드시고 이 둘을 가르는 장벽인 적개심을 허무셨습니다 (중략) 그렇게 하여 당신 안에서 두 인간을 하나의 새 인간으로 창조하시어

평화를 이룩하시고, 십자가를 통하여 양쪽을 한 몸 안에서 하느님과 화해시키시어, 그 적개심을 당신 안에서 없애셨기"(에페 2,14-16) 때문입니다. 우리는 또한 이 평화가 하느님 나라에서만 완성될 수 있다고 믿습니다. 따라서 하느님 나라는 점진적으로 성취되고, 위태롭게 유지되며, 이룩한 평화를 보존하고 개인의 삶과 정치 생활 안에서 그 지평을 확장하기 위해 꾸준히 지속해야 할 활동을 통해 실현됩니다.

21. 국내에 또 국가 사이에 평화를 건설하는 일에는 많은 개인과 기관이 동참해야 합니다. 이는 정치, 문화, 경제, 사회, 군사, 법률 분야에서 내린 결정과 아이디어의 결실입니다. 우리는 교회가 믿음의 공동체이자 사회적 기관으로서 평화를 추구하는 데 합당하고 반드시 필요하며 분명한 역할을 할 수 있다고 믿습니다.

22. 교회의 뚜렷한 기여는 그 종교적 본질과 사목에서 비롯됩니다. 교회는 고유의 방식으로 역사 안에서 하느님 나라의 도구가 되도록 부르심을 받았습니다. 평화는 하느님 나라를 세상에 드러내는 표지 중 하나이므로, 가톨릭교회는 현대 사회에서 하느님 나라의 평화를 더 잘 드러냄으로써 교회의 본질적 사명의 일부를 충실히 실현합니다.

23. 하느님 나라처럼 평화는 하느님의 선물이자 인간 협력의 산물이므로 교회는 끊임없는 기도로 하느님의 선물을 청하고 협력 활동에 지속적으로 참여해야 합니다. 교회는 평화를 위해 봉사하도록 불리었습니다. 평화는 우리 안에서 하느님 말씀과 활동이 드러나는 하나의 장이기 때문입니다. 평화를 이룩하는 데서 교회가 다른 사람들과 함께 해야 할 책임을 인식하는 것은 오늘날 평화신학을 발전시켜야 한다는 요청을 떠받치는 중요한 힘입니다. 전쟁과 평화를 다루는 가톨릭 신학사의 상당 부분이 인간 문제를 무력으로 해결하는 데만 초점을 맞춰 왔습니다. 이 방식은 여전히 필요합니다. 이 측면은 사목 서한 뒷부분에서 다루고 있습니다. 그러나 이는 '완전히 새로운 정신으로 전쟁을 검토하라'[11]는 제2차 바티칸 공의회의 도전에 대한 충분한 응답이 되지 못합니다.

24. 발전된 평화신학을 포함하는 새로운 검토 방법에는 다음과 같은 교회 생활의 다양한 영역들이 기여할 필요가 있습니다. 즉 성경연구, 교의신학과 윤리신학, 교회론, 자주 폭력적이 되는 이 시대에서 평화를 이루고 지키기 위해 다양한 노력을 기울여 온 교회 구성원의 경험과 통찰력 등입니다. 이 사목 서한은 그런 검토 결과를 최종적으로 종합하기보다는 전쟁과 평화에 대해 새롭게 검토하는 작업을 계속하려는 초대에 가깝습니다. 우리는 평화신

학의 특징에 대해 어느 정도 이해하고는 있지만, 이 특징들 간의 관계까지 체계적으로 서술하진 않습니다.

25. 평화신학은 평화 구축 임무를 하느님 나라에 대한 성경적 전망 안에 굳게 뿌리 내리고, 교회 사목의 중심에 두어야 합니다. 평화신학은 평화의 여정에 놓인 장애물들도 구체적으로 밝혀야 합니다. 이 장애물들을 신학적으로, 사회 과학과 정치학으로 해명할 수 있어야 합니다. 신앙 공동체가 평화에 이바지할 수 있는 길을 구체적으로 밝힐 수 있어야 하고, 더 나아가 사회의 다른 공동체와 기관들이 추구하는 더 넓은 범위의 평화 활동들과도 연관시킬 수 있어야 합니다. 마지막으로 평화신학은 반드시 희망의 메시지를 담아야 합니다. 모든 이가 희망을 가질 수 있어야 합니다. 하지만 이 희망의 단 하나의 원천은 평화를 위해 봉사하는 교회로부터 흘러나와야 합니다.

26. 이제 우리는 평화와 희망의 메시지를 향한 첫 발을 내딛습니다. 이 메시지는 평화에 대한 성경적 관점의 개요, 죄로 물든 세상에서 평화를 추구할 수 있는 방법에 대한 신학적 해명, 오늘날 평화를 추구할 때 우리가 맞닥뜨리는 주요 문제들에 대한 윤리적 평가, 역사적으로 가장 중요한 이 시대에 선한 의지를 지닌 모든

사람에게 필요한 정치적 개인적 과제에 대한 평가로 구성되어 있습니다.

A. 평화와 하느님 나라

27. 우리 신앙인에게 성경은 오늘날 전쟁과 평화에 맞설 수 있는 토대를 제공합니다. 이 전쟁과 평화 문제에 관해 성경을 활용할 경우 세 가지 요소를 고려해야 합니다. **첫째**, '평화'라는 말은 여러 시대 다양한 맥락에서 각기 다르게 이해되어 왔습니다. 예를 들어, 평화는 개인의 안녕이나 안전, 무력적인 적대 행위의 중단, 국가 간에 무력을 사용하지 않고 갈등을 해소하는 분위기를 조성하는 것을 뜻하기도 합니다. 신앙인들에게 평화는 용서, 화해, 일치를 수반하는 하느님과의 올바른 관계를 의미합니다. 마지막으로, 성경은 하느님 구원이 최종적이고 완전하게 실현되는 즉 모든 피조물이 완성되는 종말론적 평화를 가리킵니다. 평화가 지닌 이렇게 많은 의미들 가운데 마지막에 언급한 두 가지 의 뜻이 성경에서 중심이 되고 있으며, 앞에서 언급한 두 가지의 평화 개념에 방향을 제시해줍니다.

28. **둘째**, 오늘날 우리가 사용하는 성경들은 오랜 시간에 걸쳐

다양한 역사적 조건의 맥락에서 씌어졌기에 우리 시대, 조건들과는 다릅니다. 이러한 차이들 때문에 성경 말씀들을 이해하는 일이 복잡할 수도 또 쉬울 수도 있습니다. 그러나 이런 차이들 때문에 성경의 뜻이 불분명해지나 축소되진 않습니다.

셋째, 성경은 하느님께서 역사에 개입하신다는 것을 중심적으로 이야기하기 때문에, 전쟁과 평화에 대해서는 구체적으로 다루지 않습니다. 우리는 평화와 전쟁을 인간사(人間事)에 개입하시는 하느님과 그에 대한 우리 인간의 응답이라는 관점에서 보아야 합니다. 이 두 가지는 하느님께서 지속적으로 피조물에 대한 의지를 계시하실 때 등장하는 요소입니다.

29. 우리가 이런 복잡성을 이해하고 나면, 이전의 모든 세대들처럼 우리에게 선포되는 하느님 말씀이라는 고유한 계시의 원천을 성경에서 발견할 수 있습니다. 우리는 성경 말씀과 우리가 경청하는 것을 돕기 위해 마음 안에서 말씀하시는 하느님의 영을 불러낼 수 있습니다. 성경 말씀은 우리가 공동체 안에서 하느님의 뜻과 일치하여 그분의 뜻에 충실하게 살아가도록 하느님이 부르시는 방식들에 대해 많은 것을 전달해줍니다. 이 말씀들이 우리에게 삶의 방향을 알려주고, 우리를 최종 약속인 희망의 목표에 이를 때까지 견디게 해줍니다. 아울러 이 말씀들은 지금 여기에서

우리의 실천을 인도하고 방향을 제시해줍니다.

1. 구약

30. 구약에서 창조와 하느님 백성의 성장에 대해 다층적 진술들에서 전쟁과 평화는 중요하고도 매우 복잡한 요소들입니다.

a. 전쟁

31. 하느님 백성의 역사, 특히 탈출기부터 왕정(王政) 시기까지에는 폭력과 전쟁이 수없이 등장합니다. 종종 하느님은 전투에서 히브리인들을 이끄시고, 적으로부터 그들을 보호하시며, 이들이 다른 군대들에게 승리를 거두게 하시는 모습으로 비쳐집니다(신명 1,30; 20,4; 여호 2,24; 판관 3,28 참조). 전사(戰士)의 은유는 자신을 둘러싸고 있는 나라들보다 더 작고 약하다는 사실을 알고 있는 히브리인들에게 다각적인 의미를 전달했습니다. 이를 통해 그들은 하느님께서 그들의 성장과 발전을 바라시며 그들과 함께 하신다는 믿음을 고백할 수 있었습니다. 이런 비유는 히브리 백성들에게 안전하다는 느낌을 주었습니다. 어떤 어려움을 겪어도 그들을 보호해주시는 하느님이 계셨기 때문입니다. 이는 또한 믿음과 신뢰

를 필요로 했습니다. 전능하신 하느님은 복종하고 따라야 하는 분이셨습니다. 구약에서 드러나는 이런 형상의 존재와 그들의 역사 안에서 이해되는 하느님의 함께 하심을 어느 누구도 부정할 수 없습니다. '전사 하느님' 상은 이스라엘 백성이 자신의 신앙을 알아가는 오랜 시간 동안 매우 중요했습니다. 하지만 이 전사 이미지가 하느님에 대한 유일한 상(像)은 아니었습니다. 특히 하느님을 더 이상 군사적 승리와 힘으로 인식하지 않게 된 바빌론 유배 이후에 점차 변형되어 갔습니다. 하느님의 다른 이미지와 하느님의 활동을 다르게 이해하는 방식이 하느님 백성의 믿음을 표현할 때 더 자주 사용되기 시작했습니다.

b. 평화

32. 구약에서 드러나는 평화의 이미지를 고려할 때 반드시 몇 가지 요소를 염두에 두어야 합니다. 먼저 모든 평화 관념을 이스라엘과 하느님의 관계에 비추어 이해해야 합니다. 평화는 언제나 하느님의 선물이며 하느님의 구원 활동의 열매로 이해되었습니다. 둘째, 개개인의 평화는 크게 강조되지 않습니다. 하느님의 사랑에서 비롯되는 안녕과 두려움으로부터의 해방은 주로 공동체, 공동체의 일치와 조화에 연관되는 것으로 나타납니다. 더욱이 이런 일치와 조화가 모든 피조물로 확장됩니다. 진정한 평화는 사람

들 사이뿐 아니라 모든 피조물 간의 관계에서 올바른 질서를 회복시키는 것을 뜻하였습니다. 셋째로, 전쟁 이미지와 '전사이신 하느님' 상이 약화되면서, 하느님에 대한 보다 심오하고 복잡한 이해들이 성경에 등장하기 시작했습니다. 평화와 이스라엘 백성을 참 평화의 계약에 충실하도록 부르시는 이미지가 더 시급하고 발전된 형태로 나타납니다.

c. 평화 그리고 계약에 대한 충실성

33. 이스라엘이 하느님의 법을 따랐을 때 하느님께서 그들 가운데에 계시곤 했습니다. "나는 너희와 함께 살아가면서 너희 하느님이 되고 너희는 나의 백성이 될 것이다"(레위 26,12). 하느님께서는 반대자들에 맞서 이스라엘 백성들을 강하게 하시고 땅에 평화를 주시곤 했습니다. 이런 상황에서 이스라엘 백성의 삶을 묘사하는 내용에는 인간들 간의 일치와 피조물의 일치, 두려움으로부터의 자유와 안전이 등장합니다(레위 26,3-16). 이스라엘 백성과 하느님 사이의 올바른 관계는 계약을 기반으로 하며, 계약을 통해 표현됩니다. 계약은 충실함과 순종으로 백성을 하느님과 묶어 놓습니다. 하느님 역시 백성과 함께 하시고, 그들을 구원하시며, 자유로 이끌어 주시고자 이 계약에 묶이십니다. 평화는 이 계약의 특별한 특징입니다. 예언자 에제키엘은 새롭고 더 진실한 계약의

수립을 기대하면서, 하느님께서 백성들과 영원한 평화의 계약을 맺으실 것이라 선포했습니다(에제 37,26).

34. 하느님과의 계약에 충실하게 살아가는 것은 이스라엘 백성의 삶에 큰 영향을 미쳤습니다. 도움이 필요한 자와 무력한 자를 돌보는 것이 이 충실함의 일부였습니다. 계약에 충실한 사회는 정의와 진실로 가득 찬 곳이었습니다. 나아가, 계약에 대한 충실성은 이스라엘이 하느님만을 믿고 또 하느님께만 안전을 구하는 것이 요구되었습니다. 이스라엘이 계약의 의무를 잊어버릴 때 예언자들은 백성에게 계약을 상기시키고 하느님께 돌아가도록 요청했습니다. 예언자들은 참된 평화의 이미지를 강조했습니다.

35. 평화의 계약을 약속한 에제키엘 예언자는 우상숭배와 불의가 지속되는 가운데서도 이 땅에 평화가 있다고 말하는 거짓 예언자들을 단호하게 비난했습니다(에제 13,16). 예레미아 예언자는 이런 전통을 따르며 '상처를 대수롭지 않게 다루는' 사람들, 불의와 부정이 가득함에도 평화를 외치는 사람들을 질책했습니다(예레 6,14; 8,10-12). 예레미아 예언자와 이사야 예언자는 진정한 안보를 거슬러 하느님을 믿기보다 자신의 힘이나 동맹에 기대려는 통치자들을 모두 비난했습니다(이사 7,1-9; 예레 37,10). 이사야서

48장 18절의 애가(哀歌)는 하느님의 율법에 충실하는 것인 정의와 평화의 관계를 명료하게 보여줍니다. 이사야는 울며 "아, 네가 내 계명들에 주의를 기울였다면 너의 평화가 강물처럼, 너의 의로움이 바다처럼 넘실거렸을 것을" 하고 탄식합니다.

d. 종말론적 평화에 대한 희망

36. 하느님의 백성은 경험을 통해 평화의 계약과 구원의 충만함이 그들 가운데에 실현되지 않았다고 여겼습니다. 전쟁과 적대감은 여전했고, 불의는 번성했으며, 죄도 끊이지 않고 나타났습니다. 이 같은 경험들을 통해 이스라엘 백성은 그들이 자주 무시했던 계약에 대한 하느님 백성의 충실성을 믿게 되었습니다. 이 충실성 때문에, 모든 인간과 만물을 아우르는 최후의 구원과 궁극적 평화의 통치에 대한 하느님 약속이 구약이 제시하는 희망에서 핵심 부분으로 자리 잡았습니다. 실패와 죄 가운데서도 하느님 백성은 하느님께 더욱 충실하고 하느님과 더 가까운 관계를 맺고자 노력했습니다. 그들은 약속된 미래를 믿고, 자신들의 삶과 에너지를 종말론적 미래에 두었기 때문입니다. 평화는 그 종말론적 전망의 핵심 요소입니다.

37. 마지막 시대, 즉 메시아의 시대는 '하늘에서 영이 우리 위에

쏟아져 내리는' 시대로 묘사됩니다. 이 시대에 모든 피조물이 온전해지고, '광야에 공정이 자리 잡으며', 정의의 결과는 평화가 되고, 백성들은 '평화로운 거처에, 안전한 거주지와 걱정 없는 안식처에 살게 될' 것입니다(이사 32,15-20). 전쟁을 위한 무기가 필요하지 않고(이사 2,4; 미카 4,3)[12], 하느님은 백성들에게 직접 말씀하실 것이며 '정의와 평화가 서로 입 맞출' 것입니다(시편 85,10-11). 하느님께서 당신 영을 부어주신 분, 곧 하느님의 종 메시아이시며, 모든 나라에 정의를 충실히 드러내실 분이 오실 것입니다. "그는 외치지도 않고 목소리를 높이지도 않으며 그 소리가 거리에서 들리게 하지도 않으리라. 그는 부러진 갈대를 꺾지 않고 꺼져 가는 심지를 끄지 않으리라. 그는 성실하게 공정을 펴리라"(이사 42,2-3).

38. 구약은 우리에게 한 백성의 역사를 보여줍니다. 그 역사 안에서 백성은 하느님을 그들의 삶에 개입하시고 그들을 보호하시고, 자유로 이끄시는 분으로 묘사하거나 종종 전투에서 강한 지도자로 묘사합니다. 또한 그들은 평화를 지속적으로 갈망하는 이들로 표현됩니다. 그 평화는 언제나 약속의 공동체에 충실한 행위에 대한 보상으로 주어지는 하느님의 선물로 여겨졌습니다. 더욱이 아직 실현되지 않은 염원을 간직한 채, 하느님 백성은 충만한 구

원과 평화, 정의가 받아들여지고 모든 피조물이 해악으로부터 안전해지는 때, 종말의 시대라는 약속에 대한 희망에 집요하게 매달렸습니다. 하느님의 백성은 그 시대가 시작되는 징표로 오실 메시아를 기다렸습니다. 그들은 메시아를 기다리며 약속의 전망에 따라 사랑하고, 회개하며, 하느님 통치를 예비하라고 요청하는 예언자들의 목소리를 들었습니다.

2. 신약

39. 우리는 그리스도인으로서 예수님을 오랜 시간 기다려온 메시아 또는 그리스도라고 믿습니다. 예수님은 하느님의 종 (마태 12,18-21 참조)이자, 예언자이며 모든 예언자보다 뛰어나신 분(요한 4,19-26 참조), 하느님의 온갖 충만함이 머무르고, 그분 십자가의 피를 통하여 평화를 이룩하시어 땅에 있는 것이든 하늘에 있는 것이든 만물을 기꺼이 화해시키시는 분(콜로 1,19-20 참조)입니다. 구약의 **샬롬**의 특성(모든 피조물에게 주어진 하느님의 선물이며, 정의와 밀접하게 엮여 있고, 구원과 계약 신앙의 충실성에 뿌리내린)은 신약에서도 나타납니다. 하지만 신약에서 다루는 전쟁과 평화에 대한 모든 논의는 예수 그리스도이신 하느님의 특별한 계시와

예수님이 선포하시고 열어 보이신 하느님 나라의 맥락에서 보아야 합니다.

a. 전쟁

40. 백성이 적들로부터 역사적 승리를 거두도록 이끄시는 전사이신 하느님 개념은 신약에선 나타나지 않습니다. 유일하게 전쟁을 언급하는 부분은 요한 묵시록에 나타나는 마지막 때의 묵시적 이미지에서 찾아볼 수 있습니다. 여기에서 전쟁은 하느님과 사탄 사이의 종말적 투쟁의 모습으로 그려집니다. 이 전쟁에서는 하느님의 어린양이 승리하십니다(묵시 7,14 참조).

41. 군사적 이미지는 다가올 시험에 대한 준비라는 차원으로 등장합니다(루카 14,31; 22,35-38 참조). 신약에서 칼은 분열을 의미합니다(마태 12,34; 히브 4,12 참조). 이 두 가지는 예수님의 체포 때 등장하는데, 예수님은 이 칼을 사용하지 않으십니다(루카 22,51부터 참조). 에페소서가 그리스도인들에게 진리의 허리띠와 의로움의 갑옷, 믿음의 방패, 구원의 투구, 성령의 칼을 포함한 하느님의 무기로 완전한 무장을 갖추도록 권고하면서 무기의 의미가 변화합니다. "발에는 평화의 복음을 위한 준비의 신을 신으십시오."(에페 6,10-17, 1테살 5,8-9 참조). 군인들도 신약에 등장합니다. 그들은

예수님이 십자가에 달려 죽으실 때도 나오지만, 요한에게서 세례를 받는 사람이기도 하며, 백인대장은 그의 종이 치유되는 경험도 합니다(마태 8,5-13과 병행 구절; 요한 4,46-53 참조).

42. 예수님은 모든 사람에게 하느님 나라가 각자 안에 있음을 깨닫고 오실 하느님 나라에 투신하라고 도전하셨습니다. 충실성의 의미가 근본적으로 달라지면서 많은 사람들이 이를 받아들이기 어려워졌으며, 가족들은 자신들이 마치 칼로 자른 것처럼 갈라졌다고 느꼈습니다. 이에 따라, 복음은 우리에게 예수님은 평화가 아니라 칼을 주러 왔다고 말씀하십니다(마태 10,34). 예수님이 주지 않으신 평화는 예언자들이 경고한 거짓 평화였습니다. 예수님이 주신 칼은 하느님의 말씀이 초래한 분열의 칼로, 양날 검처럼 "혼과 영을 가르고 관절과 골수를 갈라, 마음의 생각과 속셈을 가려냅니다."(히브 4,12).

43. 모든 사람은 하느님 나라에 초대받았습니다. 예수님에 대한 믿음과 하느님 자비에 대한 신뢰가 기준입니다. 개인의 특정 직업이 아니라 하느님 나라가 요청하는 삶에 부합하게 하는 지가 결정 기준입니다.[13]

b. 예수님과 하느님 나라

44. 예수님은 말씀으로 하느님 나라를 선포하시고 행동으로 보여주셨습니다. 그분의 말씀은 변화를 요구하고 하느님 나라가 오심을 선포하는 것으로 시작합니다. "때가 차서 하느님의 나라가 가까이 왔다. 회개하고 복음을 믿어라."(마르 1,15; 마태 4,17) 변화를 요구하는 것은 동시에 하느님 나라로 들어오라는 초대였습니다. 예수님은 예언자들의 울부짖음 이상으로 변화를 요구하셨고, 그분 안에서 하느님의 나라가 시작되었으며, 그 나라가 우리 가운데 있다고 말씀하셨습니다(루카 17,20-21; 12,32).

45. 그분의 말씀들, 특히 산상설교에서 우리를 위해 하신 말씀은 하느님의 힘이 드러나고 사람들의 갈망이 충족되는 새로운 현실을 보여줍니다. 하느님의 통치 아래, 하느님 나라는 가난한 사람들의 것이고, 슬퍼하는 사람들은 위로를 받으며, 온유한 사람들은 땅을 차지하고, 의로움에 주린 사람들은 흡족해지며, 자비로운 사람들은 자비를 입습니다. 마음이 깨끗한 사람들은 하느님을 보며, 박해를 받는 사람들은 하느님 나라를 얻고, 평화를 이루는 사람들은 하느님의 자녀라 불립니다(마태 5,3-10 참조).

46. 예수님의 말씀은 또한 우리에게 하느님 나라에 사는 사람

들의 행동 양식을 보여줍니다. 그분의 말씀들은 우리에게 법을 따르고 그 이상으로 나아가는 새로운 삶의 방식을 요구합니다. 이런 새로운 삶의 방식 중 가장 두드러진 특징이 바로 용서입니다. 예수님의 말씀을 들은 모든 사람들은 서로를 용서해야 하며, 한 번이 아니라 여러 번 용서하라는 요청을 받습니다(마태 6,14-15; 루카 6,37; 마태 18,21-22; 마르 11,25; 루카 11,4; 17,3-4 참조). 하느님의 용서는 구원의 시작으로 공동체의 용서와 자비를 통해 드러납니다.

47. 또한 예수님은 하느님의 나라를 사랑이 활동하고, 생명을 주며, 포괄적인 힘이 되는 곳이라고 말씀하셨습니다. 그분께서는 가족이나 친구뿐만 아니라 원수마저도 사랑하라고 말씀하셨습니다(마태 5,44-48; 루카 6,27-28). 이런 사랑은 악인에 맞서기보다는 다른 뺨을 내어줍니다 (마태 5,39-42; 루카 6,29-31 참조). 예수님의 제자들은 예수님이 그들을 사랑하신 것처럼 서로 사랑해야 합니다(요한 15,12 참조).

48. 예수님이 몸소 보여주신 행동과 성령 강림이 없었다면 예수님의 말씀은 실현하기 불가능하고 추상적 이상으로만 남았을 것입니다. 예수님은 행동을 통해 하느님 나라에서 사는 길을 보여주셨습니다. 그분은 그분께로 온 사람들을 모두 받아주시고 우리

에게 요청하신 용서를 직접 보여주셨으며, 그들의 죄를 용서하고 낮게 하시어 그들을 지배하던 악으로부터 해방하셨습니다. 이런 활동을 하시면서, 예수님은 폭력과 억압, 불의가 있는 세상에 하느님의 온유한 자비를 드러내 보이셨습니다. 예수님은 지상에 계시는 동안 불의를 지적하셨으며 짐을 지우거나 참된 찬미를 더럽히는 사람들에 맞서셨습니다. 그분께서는 하느님의 집을 '강도의 소굴'로 만드는 자들을 성전에서 쫓아내셨습니다(마태 21,12-17과 병행구절 참조).

49. 예수님이 보여주신 행동에서 가장 큰 특징은 이 행동에서 그분의 사랑이 드러난다는 것입니다. 예수님이 다른 사람들에게 명령하셨듯이, 그분의 사랑은 구원을 위해 자신의 목숨까지 내놓을 수 있도록 이끌어 주었습니다. 그분의 말씀과 행동은 당시에 위험한 일들이었고, 결국 그분을 죽음에 이르게 했습니다. 잔인하고 악의적으로 조작된 저주받은 죄인의 죽음이었습니다(갈라 3,13 참조). 예수님은 그분의 전 생애와 활동에서와 마찬가지로, 어떤 고통을 당하시더라도 힘과 폭력으로 방어하지 않으셨습니다. 그분께서는 폭력과 잔인함을 견뎌내시어 하느님의 사랑을 온전히 드러내시고 갈라진 세상을 하나로 조화시키셨습니다. 심지어 죽음 앞에서도 예수님은 자신을 죽음으로 몰아넣은 사람들을

용서해 달라고 부르짖으셨습니다. "아버지, 저들을 용서해 주십시오…"(루카 23,34).

50. 예수님 부활은 하느님께서 진실로 세상을 다스리심, 죽음에 생명을 주심, 그리고 하느님의 사랑이 죽음보다도 강함을 세상에 드러내는 표징입니다(로마 8,36-39).

51. 이에 비추어 볼 때, 예수님이 주시는 평화는 세상이 주는 평화와 같지 않으며, 하느님 나라의 권능을 전부 보여줍니다(요한 14,27). 예수님은 십자가 죽음의 무력함과 부활의 힘을 목격한 제자들에게 평화를 주십니다(요한 20,19;20;26). 예수님이 부활하신 주님으로 오시어 인사로 건네시는 평화는 충만한 구원입니다. 그것은 세상과 하느님의 화해(로마 5,1-2; 콜로 1,20)이자, 구약에서 열망하며 말하던 모든 창조물의 일치와 화해의 복원입니다. 왜냐하면 하느님과 인간 사이에 놓여 있던 적개심의 벽이 참되고 완전한 종의 삶과 죽음으로 무너졌고, 하느님과 세상 사이에 일치와 안녕이 마침내 충만히 실현되었기 때문입니다.(에페 2,13-22; 갈라 3,28).

c. 예수님과 신앙 공동체

52. 예수님은 부활하신 뒤 사도들에게 첫 번째 선물로 평화를 주셨습니다. 이 선물은 부활하신 예수님과 제자들이 만나는 자리에 스며들었습니다(요한 20,9-29 참조). 그 선물은 너무나 강렬했고, 선물에 대한 기억의 힘은 절대 변하지 않았으며, 선물과 함께 살아가는 일상은 신앙공동체를 상징하게 되었습니다. 동시에 예수님은 당신을 따르는 이들에게 당신의 영을 주셨습니다. 이 두 가지 선물은 개인적이면서도 공동체적으로 주어진 것으로 떼어 놓을 수 없습니다. 예수님의 영 안에서 믿음의 공동체는 구세주를 알아보고 선포할 수 있게 되었습니다.

53. 예수님의 영을 선물 받은 사도들은 하느님께서 하신 일을 알게 되었고, 자신들의 삶 안에 거하시는 무에서 유를 창조하시는 한 분이신 하느님의 힘을 알게 되었습니다. 초기 그리스도교 공동체는 화해와 평화로 특징지어지는 이런 권능이 이 세상에서 충만히 성취되지 않았음을 알고 있었습니다. 그들은 외부의 박해와 다른 모든 사람과 마찬가지로 내면의 죄와 씨름했습니다. 하지만 그들은 하느님의 영을 체험했고 자신들과 함께 계셨던 그리스도에 대한 기억이 있었기에 하느님 나라의 충만함이 세상에 드러나는 날을 흔들리지 않는 확신으로 기대할 수 있었습니다. 동시에 사

도들은 그들이 화해를 위한 그리스도의 사절(2코린 5,19-20), 곧 그들의 공동체가 이루는 사랑과 일치를 통해 드러나는 하느님께서 건설하신 평화를 만들어가는 사람들로 부름 받았음을 알았습니다.

54. 그러므로 예수 그리스도는 우리의 평화이시며, 그분께서는 당신의 죽음과 부활로 세상에 하느님의 평화를 주셨습니다. 하느님께서는 성자를 통해 세상과 진정한 화해를 이루어 세상을 일치시키셨으며, 당신의 뜻이 결국 이런 화해, 하느님과 만민의 일치, 사람들 사이의 일치임을 분명히 드러내 보이셨습니다. 일치를 향한 길이 열리고 평화의 계약이 세워졌습니다. 부활하신 주님이 주신 평화의 선물은 예수님을 따르고 하느님 나라를 계속해서 선포하라는 부르심과 떼어놓을 수 없습니다. 마태오 복음(마태 28,16-20; 루카 24,44-53 참조)은 예수님이 제자들을 파견하시며 그들에게 약속하신 마지막 말씀을 보여줍니다. "내가 언제나 너희와 함께 있겠다." 예수님이 언제나 함께 계시기에 모든 세대의 제자들이 그분을 따를 용기를 가질 수 있습니다. 예수 그리스도를 따른다는 것은 하느님 나라의 정의와 용서, 사랑과 일치하는 방식으로 행동하려고 노력하며 끊임없이 회심하는 삶을 뜻합니다. 제자들은 세상 끝까지 달려가 모든 이들 가운데서 화해를 요청합니다.

"그것은 때가 차면 만물을 그리스도 안에서 한데 모으는 계획(에페 1,10)"인 하느님의 뜻이기 때문입니다.

3. 결론

55. 성경에서 다루는 전쟁과 평화를 대략적으로 살펴보기만 해도, 오늘날 우리가 직면한 문제들에 대한 구체적인 대답을 얻을 수 없다는 점이 분명해집니다. 성경은 핵전쟁이나 핵무기에 대해 자세히 이야기하지 않습니다. 성경이 쓰인 시대의 공동체가 생각할 수 있는 범위 밖 문제들이기 때문입니다. 하지만 성경은 우리가 오늘날의 구체적인 현실들을 살펴볼 때 시급히 선택해야 할 방향을 제시합니다. 평화의 종말론적 완성은 우리에게 희망으로 남아있지만, 평화의 선물은 예수 그리스도가 이루신 화해를 통해 이미 우리 안에 있습니다. 평화에 대한 이 두 가지 심오한 종교적 의미는 모든 그리스도인을 깨닫게 하고, 영향을 미칩니다. 우리는 부활하신 그리스도 안에서 하느님의 평화를 선물 받았기에, 우리 자신의 평화와 세상의 평화를 이룩하라는 부르심을 받은 것입니다. 예수님의 제자이자 하느님의 자녀로서, 폭력과 적대감이 넘치는 세상에서 하느님의 용서와 정의, 자비와 사랑을 드러낼 수 있는 방법을 찾는 것이 우리에게 맡겨진 임무입니다. 하느님 말씀

에 거듭 귀 기울일 때마다, 우리는 회개와 믿음으로 불립니다. 우리는 이미 구원받았지만 계속해서 구원을 필요로 하기 때문에 회개해야 합니다. 하느님의 나라가 가까이 왔지만 여전히 그 완성을 향해 나아가고 있으므로 믿음이 필요합니다.

B. 하느님 나라의 역사

56. 그리스도교의 역사 이해는 희망과 확신에 차 있으나 동시에 냉정하고 현실적입니다. "그리스도의 영광스러운 십자가와 성령의 발출에 근거한 그리스도교적 낙관주의가 자기기만을 위한 변명이 될 수 없습니다. 그리스도인에게 있어 지상의 평화를 이룩하는 일은 언제나 도전입니다. 인간 마음속에 죄가 존재하기 때문입니다."[14] 죄로 인한 개인적이고 사회적인 결과가 명백한 이 세상에서, 평화는 정의에 바탕을 두고 건설해야 합니다.

57. 역사에 대한 그리스도교적인 희망은, 우리의 창조주이시고 우리 존재를 지탱시켜 주는 분이신 하느님을 향한 신앙 그리고 죄와 인간적 나약함과 실패에도 하느님 나라가 도래하리라는 확신에 뿌리를 두고 있습니다. 죄가 역사의 한 부분을 차지하고 있다는 바로 그 사실 때문에 하느님 나라의 평화가 실현되는 것은 결

코 영원하거나 총체적일 수 없습니다. 이는 교부시대에서부터 교황 요한 바오로 2세에 이르기까지 계속 반복되고 있습니다.

 죄와 증오는 하느님 그리고 다른 이들과의 평화를 이루는 데 놓인 장애물입니다. 예수님은 십자가 위에서 당신의 생명을 봉헌하심으로써 죄와 증오를 없애셨습니다. 그분께서는 하나의 몸 안에, 서로 증오하던 이들을 화해시키셨습니다(에페 2,16; 로마 12,5). 그리스도인들은 최선을 다해 전쟁을 방지하거나 중지시키려 할지라도, 평화가 승리하도록 할 수 있다거나 이런 목적을 향해 들인 그들의 노력의 효과가 지대하다거나 하는 자기기만에 빠지지 않습니다. 그들은 그렇기에 평화를 증대하기 위한 모든 인간적 계획에 관여하고, 종종 평화를 위한 활동에 참여합니다. 그러나 그들은 자신을 현실적이고 겸손한 자세로 바라봅니다. 이렇게 말할 수도 있겠습니다. 그리스도인들은 그들이 자신을 인간의 자기기만과 하느님의 구원 계획 모두와 결부시킨다는 점에서, 두 가지 의미로 재활성화된다고 할 수 있습니다.[15]

 58. 그리스도인들은 하느님이 통치하시리라는 비전과 그 통치가 역사 안에서 구체적으로 실현되는 것 사이의 긴장 속에서 살아가도록 불리었습니다. 이 긴장은 종종 '이미 그러나 아직'이라는 용어로 표현되곤 합니다. 즉 우리는 이미 하느님 나라의 은총 안

에 살고 있지만, 그 나라는 아직 완성되지 않았습니다. 그러므로 우리는 갈등과 불의로 얼룩진 세상에서 충만히 완성될 하느님 나라를 향해 순례하는 사람들입니다. 그리스도의 은총은 이 세상에서 이미 활동하고 있습니다. 예수님의 사랑의 계명과 화해로의 부르심은 순전히 미래의 이상이 아니라 오늘날 우리가 그 가르침에 순종하기를 요구합니다.

59. 바오로 6세 교황, 요한 바오로 2세 교황과 더불어 우리는 '평화가 가능함'을 믿습니다. 동시에 우리는 경험을 통해 "이 세상에서 총체적이고 영속적으로 평화로운 인간 사회란 안타깝게도 유토피아이며, 그와 같은 이상적 전망이 쉽게 달성될 수 있다는 이데올로기는 그처럼 주장하는 근거가 무엇이건 간에 실현될 수 없다고" 확신하게 됩니다.[17]

60. 평화는 가능하지만 절대적으로 보장되는 것은 아니며, 어떤 장애물과 공격 앞에서도 평화는 가능하다는 믿음은 계속 보호되고 보존되어야 한다는 인식은 가톨릭교회의 전쟁에 관한 가르침이 복잡한 이유를 상당 부분 설명해줍니다. 하느님 나라는 평화와 정의가 충만히 실현된 곳입니다. 언제나 정의가 평화의 기초가 됩니다. 하지만 실제 역사적으로 평화와 정의 모두를 추구하려는 노

력은 때로 긴장을 조성하고, 정의 실현을 위한 투쟁이 특정 형태의 평화를 위협하기도 합니다.

61. 가톨릭교회의 가르침은 하느님 나라와 역사 사이의 이 긴장 안에서 전쟁 문제를 다룹니다. 전쟁은 인류 역사라는 직물에 오점을 남기고, 오늘날 여러 나라들의 생활을 파괴합니다. 그리고 핵무기 형태로 우리가 알고 있는 세계와 수 세기 동안 착실하게 건설되어 온 문명을 파괴하겠다고 위협합니다. 전쟁 원인은 다양하고 그 정체도 쉽게 파악할 수 없습니다. 그리스도인들은 모든 폭력적 상황을 죄의 결과라고 볼 것입니다. 폭력적 상황에는 단지 지배, 억압 또는 침략뿐 아니라 죄로 가득 찬 세상의 유한성을 드러내는 가치와 이해의 충돌도 포함됩니다. 현대 세계에 영향을 미치고 있는 핵전쟁 위협은 그러한 죄의 양상과 갈등을 보여줍니다.

62. '이미 그러나 아직'이라는 그리스도교적 실존에서, 교회의 구성원들은 역사 안에서 하느님 나라를 실현하기 위해 다른 경로를 선택합니다. 이 서한에서 우리는 그리스도인 각자가 전쟁과 평화에 관한 양심을 형성하는 데서 취하는 입장과 사회를 보호해야 할 국가의 의무에 관한 가톨릭교회의 가르침을 검토하면서, 다음 두 가지 이유로 사목 헌장을 널리 인용하고 있습니다.

63. 첫째, 우리는 평화의 본성과 전쟁 방지에 관한 사목 헌장의 시각이 교회의 전통적 가르침을 충실히 숙고하고 있으면서도, 전 세계 주교들의 기도가 담긴 고민을 드러내고 쇄신된 태도를 힘차게 요청한다는 점에서 설득력이 크다고 봅니다. 둘째, 공의회 교부들은 두 차례 세계대전의 참상 그 이상의 것을 잘 알았기 때문입니다. 그들은 '이 세계 어딘가에서 나날이 파괴적 결과를 양산하는' 갈등의 지속, 현대 과학 무기 탓에 늘고 있는 전쟁의 흉포함, '새로운 기만과 파괴 방식으로 장기화 되는' 게릴라전, 그리고 전쟁 수행의 새로운 방식으로 여겨지는 테러리즘을 목도했습니다.[18] 이와 꼭 같은 현상들이 오늘 우리가 살아가는 세계에도 나타나고 있습니다.

64. 비슷한 이유에서 우리는 핵 시대를 살아간 비오 12세 교황과 요한 바오로 2세 교황 가르침에도 크게 의지합니다. 교황들과 공의회 가르침은 각 지역교회에 그곳의 문화에 비추어 이해 가능한 방식으로 구현되어야 합니다. 그렇게 할 때 개별 지역교회는 우리가 살아가는 세계를 형성하는 문제들에 대한 그들만의 고유한 통찰과 경험을 가져올 수 있습니다. 1966년부터 현재까지 미국 주교들은 개별적으로 또한 공동으로, 베트남전부터 핵무기 사용에 대한 양심적 반대에 이르기까지, 평화와 전쟁에 관한 쟁점에

대해 많은 성명을 발표했습니다. 이는 단지 교계의 윤리신학적 염려만이 아니라 우리에게 전쟁의 위협에 관한 불안을 표현해 온 사람들의 커져가는 목소리도 반영하고 있습니다. 본 서한에서 우리는 평화와 전쟁에 관해 우리가 기존에 확립한 가르침을 지속하고 발전시키려 하며, 그 내용은 보편교회의 가르침과 함께 미국 가톨릭 공동체의 통찰력 그리고 경험들을 반영하게 될 것입니다.

65. 전쟁과 평화에 관한 명시적 논의가 사목 헌장의 마지막 장에 이르러서야 이루어진다는 점은 주목할 만합니다. 공의회는 인격적 인간 본성과 그 완성된 상태를 우선 탐구한 다음에야 평화의 본질을 다룹니다. 평화의 본질은 그 자체로 목적이 아니라 '온 세상 모든 사람을 위해 참으로 더욱 인간다운 세계를 이룩하려는'[19] 임무를 수행하는데 **불가결한 조건**입니다. 이 과업에 대한 이해가 그리스도인인 우리에게 주어진 윤리적 선택에 관한 교회의 관점을 이해하는데 결정적입니다.

C. 하느님 나라를 위한 윤리적 선택

66. 사목 헌장 내용 가운데 가장 자주 인용하는 구절은 '우리가 완전히 새로운 정신으로 전쟁을 검토'[20] 해야 한다는 선언입니

다. 공의회의 가르침은 이 '새로운 정신'으로 검토할 때 인간 인격 (human person)의 존엄성과 현대 세계가 처한 상태에 관해 폭넓게 분석하라고 요청합니다. 이처럼 폭넓은 논의의 배경을 간과한다면 우리는 공의회의 지혜를 파악할 수 없습니다. 전쟁과 평화에 관한 쟁점은 모든 사람이 다음과 같은 기본적인 질문을 하게 합니다. '보다 인간다운 세계를 실현하는 데 공헌할 수 있는 일에는 어떤 것이 있고, 이러한 세계의 도래를 방해하는 것은 무엇인가?' 완전히 새로운 자세로 전쟁을 평가하려 한다면, 완전히 새로운 자세로 인간 인격의 문제에 진지하게 임해야 합니다. 인류가 인권, 인간 존엄성에 대한 보편적 존중을 위해 노력해야 할 의무는 사회적, 경제적, 정치적 질서의 필수 조건입니다.

67. 이제 전쟁을 완전히 새로운 태도로 평가하기 위해서는 무기 체계나 군사 전략 검토 차원을 넘어서야 한다는 사실이 분명해집니다. 우리는 그리스도인으로서 우리가 하는 윤리적 선택이 지니는 의미를 철저히 탐구해야 합니다. 제2차 바티칸 공의회의 가르침을 따라, 우리는 전쟁의 위험성과 윤리적 선택을 할 수 있는 진정한 자유의 조건에 관심을 기울여야 합니다.[21] "평화는 가장 효과적으로 윤리적 선택을 할 수 있는 환경입니다." 우리는 어떻게 인간의 진정한 자유에 불가결한 이 평화를 향해 갈 수 있습니

까? 우리는 그런 평화를 어떻게 정의합니까?

1. 평화의 본성

68. 가톨릭 전통은 평화의 의미를 언제나 긍정적인 의미로 이해해 왔습니다. 평화는 하느님의 선물이자 인간 활동의 산물입니다. 그리고 평화는 인간의 가장 중심적인 가치, 즉 진리, 정의 자유 그리고 사랑의 기초위에 세워져야 합니다. 사목 헌장은 평화에 관한 전통 개념을 다음과 같이 선언합니다.

> 평화는 단순히 전쟁의 부재만이 아니며, 오로지 적대 세력의 균형 유지로 전락될 수도 없고, 전제적 지배에서 생겨나는 것도 아니다. 올바로 또 정확히 말하자면, 평화는 '정의의 작품'(이사 32,17 참조)이다. 인간 사회의 창설자이신 하느님께서 심어 놓으신 그 질서의 열매, 또 언제나 더 완전한 정의를 갈망하는 인간들이 행동으로 실천하여야 할 사회 질서의 열매가 바로 평화이다.[22]

69. 요한 바오로 2세 교황은 이 긍정적인 평화 개념을 인간 존엄성과 인권에 대한 교회의 가르침에 담긴 새로운 철학적 깊이와 연

결해 발전시켰습니다. 이 관계는 1979년 "UN 총회 연설"과 1982년 제15차 "세계 평화의 날 담화"에서 분명히 표현되었습니다.

> 각 사람의 규정할 수 없고 양도할 수 없는 권리에 대한 무조건적이고 실질적인 존중은 평화가 한 사회를 다스리는 데 필수 조건입니다. 이 기본권에 비해 다른 모든 권리는 어떤 면에서 파생적이고 이차적입니다. 이 기본권이 보호되지 않는 사회에 보편성이라는 관념은 죽어 있습니다. 그와 같은 사회라면 소수 개인으로 이루어진 집단이 그들만의 배타적 이권을 지키기 위해 구별 원칙(principle of discrimination)을 만들어 이를 이용해 강자의 변덕에 따라 타인의 권리는 물론 생명까지 좌지우지하게 됩니다.[23]

70. 그러나 우리가 앞에서 언급했다시피, 인권 보호와 평화 보전은 죄와 갖가지 갈등으로 얼룩진 세계에서 완수해야 할 과업입니다. 전쟁과 평화에 대한 교회의 가르침은 모든 사람에게 영향을 미치는 전쟁을 강력히 반대합니다. 그런 다음 이 반대 입장을 다시 고려해야할 때를 살핍니다. 바로 인간 존엄성과 인권을 보호하는 착한 평화를 지킨다는 명분이 있을 때입니다.

2. 반전(反戰)의 전제와 합법적 자기방어 원칙

71. '전쟁의 야만성 방지'라는 소제목 아래, 공의회는 '인류가 처한 암울한 상태'를 숙고합니다. 사목 헌장은 세계를 단순히 우리가 원하는 대로가 아니라 있는 그대로 바라봅니다. 그 전망은 삭막합니다. 흉포한 새 전쟁 무기들이 과거의 야만을 능가하는 야만성, 기만, 전복, 테러리즘, 집단 학살이라는 위협을 가하고 있기 때문입니다. 특히 집단 학살은 몹시 참혹하다는 점에서 격렬하게 규탄을 받고 있는데, 영구적 구속력을 갖는 모든 피조물에 내재한 보편적 자연법 원리를 의도적으로 어기게 만드는 모든 행위와 그런 행위를 하도록 지시하는 명령은 범죄입니다. 그와 같은 지시를 내리는 사람들에 대해 공개적이고 대담하게 저항하는 사람들의 용기는 최고의 찬사를 받아 마땅합니다. 모든 개인, 특히 정부 관리와 전문가들은, '비인간적인 군사 행동과 그 후유증을 줄이고', '더 잘 더 효과적으로 전쟁의 야만성을 방지하려는'[24] 목표를 지닌 조약들을 준수하고 개선해야 합니다.

72. 이것은 오늘날의 세계에 여전히 유효한 현실적 평가입니다. 이 절의 후반부에서 공의회는 우리에게 '여러 나라가 합의하여 어떤 전쟁이든 완전히 금지할 수 있는 시대를 온 힘을 다해 준비'하

도록 요청합니다. 그러나 우리는 이런 목표를 달성하기 위해 '모든 사람의 안전과 정의 준수와 권리 존중을 보장하는'[25] 효과적인 힘을 가진, 보편적으로 인정받는 공권력의 확립이 필요한 게 아니냐는 말을 듣습니다. 그러나 오늘날은 어떻습니까? 교황들과 마찬가지로 공의회의 입장은 아주 명확합니다.

어떻든 전쟁이 인간사에서 뿌리 뽑힌 것은 아니다. 전쟁의 위험이 있고 적절한 힘을 지닌 관할 국제 권위가 없는 동안에는, 참으로 평화 협상의 모든 방법을 다 써 본 정부들의 정당 방위권은 부정할 수 없다. 따라서 국가 통치자들과 국정 책임을 맡은 사람들은 이토록 중대한 일을 신중히 처리하여 자기에게 맡겨진 국민들의 안녕을 보호해야 할 의무를 지니고 있다.

그러나 국민을 정당하게 보호하려는 군사 행동과 타국을 정복하려는 것은 전혀 다르다. 또한 전쟁 능력이 그 힘의 모든 군사적 정치적 사용을 정당화시키지 않는다. 불행히도 전쟁이 일어났다 하더라도 전쟁 그 자체로 적대 편의 모든 행동이 허용되는 것도 아니다.[26]

73. 그리스도인은 폭력에 맞서 평화를 수호하는 방법에 대해

올바른 이해를 가지고 행동하는 것 외에 달리 선택할 방도가 없습니다. 이는 양도할 수 없는 의무입니다. 윤리적 선택지를 제공하는 평화를 우리가 어떻게 수호할 것인가의 문제입니다. 이 원칙을 강조하는 까닭은, 무기 소지를 거부하는 이들과 무기를 소지하는 측 모두에 대해 너무 많은 오해가 있었기 때문입니다. 두 전통 모두 상당한 숫자의 예외적 용기를 보여준 사례, 세계가 앞으로도 계속 필요로 하는 사례들을 제공합니다. 정직하게 군 복무를 한 수백만의 남녀 가운데 많은 이가 목숨을 바쳤습니다. 오늘날 전 세계에서 군 복무 중인 많은 이들이 공의회가 가르치는 '평화'를 지키기 위해 어렵고 힘겨운 일을 도맡습니다. 우리는 세상의 악에 무관심하거나 냉담하기는커녕, 양심적 무기 소지 거부가 진정한 평화를 수호하는 최선의 길임을 굳게 믿고 있는 많은 사람들을 만납니다. 그들 중 일부는 복음 그리고 예수님의 삶과 죽음이 모든 형태의 폭력을 금지하는 것으로 이해했으며 이를 동기로 삼았습니다. 또 누군가에게는 원수와 사랑의 화해를 하기 위한 긍정적이고 건설적 접근인 그리스도교적 관용을 그저 개인적으로 실천하려는 마음이 동기가 되었습니다. 또 다른 사람들은 공격을 저지하거나 폭력에 의한 모든 형태의 탄압을 무력화하는 저항 방식인 '능동적 비폭력' 프로그램을 제안하거나 참여합니다. 어떤 정부도, 그리스도인이라면 더욱이 무기 소지에 저항하는 개인을 음

모 세력의 하수인이나 비겁한 사람이라 보아서는 안 됩니다.

74. 가톨릭교회의 가르침은 뚜렷하게 다른 이 두 갈래의 윤리적 대응이 상호보완 관계에 있다고 보았습니다. 둘 다 공동선을 위해 봉사할 방안을 모색한다는 점에서 그렇습니다. 이들은 어떻게 하면 그 공동선을 가장 효과적으로 방어할 수 있는가에 대하여는 인식의 차이를 보이지만, 양쪽 모두 반드시 평화를 추구해야 하고, 윤리적 규제와 여타 인간 기본적 가치들을 정의하는 맥락 안에서 권리를 옹호해야 한다는 그리스도교적 확신을 증언한다는 점에서 일치합니다.

75. 서로 다른 선택에 관한 이 모든 논의 과정에서, 우리는 개인들에게 제시된 선택들에 관하여 말합니다. 공의회와 교황들은 불의한 무장 세력으로부터 공격 위협을 받고 있는 정부가 국민을 보호할 의무가 있음을 분명히 명시했습니다. 이런 조치는 최후의 수단인 무력 행사를 포함합니다. 우리는 아래에서 그와 같은 방어 조치가 부과하는 조건과 한계에 관하여 논의할 것입니다. 하지만 공의회는 개인 차원에서도 방어의 근본 권리를 보호하기 위해 주의를 기울입니다. 어떤 이들은 그들의 권리 옹호를 위해 무력사용 대신 다른 방어 수단을 강구하는 선택을 합니다. 그러나 그들 역

시 자기 방어 권리나 타인에 대한 그들의 의무를 포기할 수 없습니다. 공의회는 그들에게 찬사를 보내지만, 이는 타인 또는 공동체 그 자체의 권리와 의무에 위해가 가해지지 않은 한에서 그렇습니다.

76. 비오 12세 교황은 불의한 공격에 대해 저항할 그리스도인의 책임에 관한 확신이 특히 강한 분입니다.

> 부당한 공격의 위협을 받고 있거나 이미 그 희생자가 된 사람들은, 그들이 그리스도인이기에 걸맞게 생각하고 행동하려 한다면 수동적으로 무관심한 상태에 머물러 있을 수 없습니다. 더욱이 세계 민족의 연대는 제3자에게도 관중과 같은 무심한 중립적 태도로 방관하도록 두지 않습니다. 그리스도인의 직관에는 생경한 무관심으로 인하여 과거 공격전에서 발생한 해악을 누가 다 헤아릴 수 있습니까? 무관심이 우리에게 무슨 유익을 그리도 잘 보상해 주었습니까? 오히려 반대입니다. 그것은 단지 공격의 입안자와 선동자들을 안심시키고 부추겼을 뿐입니다. 다른 일군의, 홀로 내버려진 사람들이 그들의 무장을 무제한으로 증가시키는 동안 말입니다 … 이 정도의 사회적 중요성을 지닌 인류의 선 가운데, 불의한 공격으로부터의

자기방어는 완벽히 합법적입니다. 심지어 그들에 대한 보호는 폭행을 당하고 있는 국가를 내버려 두지 않을 의무를 지닌 범국가적 의무입니다.[27]

77. 그러나 앞에서 말한 내용이 상황에 관계없이 부당한 공격에 대한 유일한 방어 수단이 무력이라는 것은 아닙니다. 공의회는 모든 사람의 안전보장을 둘러싼 중대한 사안에 대해 심사숙고하기를 요청합니다. 제2차 바티칸 공의회에 참석한 주교들은 오늘날의 세계는 "과학 무기의 발달로 전쟁의 공포와 잔혹성은 엄청나게 불어"난 곳이고 "이런 무기를 사용하는 전투 행위는 정당방위의 한계를 훨씬 벗어나는 막대한 무차별 파괴를 가져올 수 있다"[28]는 사실을 정확히 인지하고 있었습니다. 그렇기에 우리는 이런 경고를 받았습니다. "현대인들은 자신의 전쟁 행위에 대해 무거운 셈을 치르게 될 것임을 알아야 한다. 미래 시대의 흐름은 현대인들이 오늘 내리는 결정에 크게 좌우될 것"[29]이라고 말입니다. 개인이나 국가 모두에 가해지는 불의한 공격에 대해, 폭력을 사용하지 않고도 스스로를 지킬 수 있는 프로그램을 개발하는 데 진지하고 지속적인 연구와 노력이 필요합니다.

78. 우리는 공격을 막아내고 갈등을 해결하는 비폭력적 수단의

개발을 향한 노력이 사랑과 정의 양자 모두에 대한 예수님의 요청을 탁월하게 반영한다고 믿습니다. 실로, 무기들의 잠재적 파괴력과 이로 인한 전쟁 가능성의 증가는 예수님이 당신을 따르던 이들에게 명하신 의로움에 이르는 길을 강조하는 효과를 발휘합니다. 그러나 다른 한편, 세상에 폭력, 억압, 불의가 존재한다는 사실은 정의 수호를 위해 무기와 군사력을 수단으로 삼는 행위를 정당화하는 측면도 있습니다. 우리는 우리가 직면하고 있는 세상의 역설적 현실을 알아야 합니다. 우리는 이 역설적 현실이 그대로 드러나는 세계에 살아가는 그리스도인이니 말입니다. 사랑이 가능하고 그것이 모든 인간관계의 유일하고 진실한 희망이라는 우리의 믿음을 또렷하게 밝힐 줄 알아야 합니다. 그러나 때때로, 설령 치명적 무력의 경우라 할지라도 물리적 힘이 정당화되는 경우가 있으며 각국이 자국의 방어를 위한 수단을 갖추어야 한다는 사실을 인정해야 합니다. 이런 역설에 직면한 그리스도인의 임무는 그리스도와 그분의 가르침에 대한 더 큰 헌신을 통하여 그 역설을 해소하는 데 진력하는 것입니다. 요한 바오로 2세 교황은 이렇게 말했습니다.

  공격과 지배, 타인에 대한 조종에 기반한 기획이 인간의 마음에 도사리고 있고 때로는 그것이 은밀한 방법으로 인간의 의지로 키워지기도 합니다. 평화주의적 성격의 선언과 성명서들에도 불구하고 말입니다. 그리스도인들은 이 점을 인지합니다. 완전하고 영원히 평화로운 인간 사회란 이 세상에서는 유토피아라는 사실을 알기 때문입니다. 유토피아적 전망이 쉽게 도달할 수 있는 상태라고 주장하는 이데올로기들은 어떤 이유에서건 간에 현실화될 수 없는 희망에 근거를 두고 있습니다. 그것은 인간 조건에 대한 잘못된 관점, 이 문제를 전체로 고려하지 않는 적용, 또는 두려움을 잠재우기 위한 회피일 수 있고 계산된 이기심 문제일 수도 있습니다. 개인적 경험으로부터 무엇인가를 깨달을 수 있는 그리스도인이라면 확신할 수 있습니다. 이런 기만적 희망은 전체주의 체제의 거짓된 평화로 직결됩니다. 그러나 이와 같은 현실적 관점은 결코 평화를 향한 그리스도인들의 일을 막지 않습니다. 오히려 그들의 열의를 한층 고무합니다. 평화를 사랑하는 이들에게 기만, 증오와 죽음에 대한 그리스도의 승리가 인간에 대한 그 어떤 관대한 이론보다 행동을 취할 결정적 동기를 제공한다는 사실도 알고 있기 때문입니다. 이처럼 그리스도의 승리는 인류 역사의 가장 담대한 꿈들이 드러낸 그 어떤 희망보다 확실하게 뿌리내린 희망을 줍니다.

그리스도인들이 모든 형태의 전쟁을 막고 그에 저항하기 위해 분투하는 와중에도, 불의한 공격에 대항하여 그들의 존재와 자유를 보호하기 위해 비례적 수단을 동원할 권리, 심지어 의무가 있

음을 상기시키는 데 주저하지 않는 것은 이 때문입니다.[30]

79. 평화의 본성, 전쟁 방지, 그리고 국가의 합법적 방어권에 관한 가톨릭교회의 가르침에 비추어, 이제 우리는 가톨릭 전통 내에서 공공 정책과 개인적 선택에 안내를 제공하는 특정한 윤리 원칙을 상세히 설명할 수 있게 되었습니다.

3. 정당한 전쟁의 기준

80. '정당한 전쟁' 또는 '제한전' 교리를 뒷받침하는 윤리 이론은 모든 그리스도인에 해당되는 다음 전제에서 비롯됩니다. '이웃에게 해를 입혀서는 안 된다'는 명제입니다. '우리가 원수를 어떻게 대하는가'는 우리가 이웃을 얼마나 사랑하는가를 가늠하는 핵심 기준입니다. 단 한 명의 목숨도 잃지 않기 위해 두렵고 떨리는 마음으로 평가해야 합니다. 이런 전제를 가진 우리가 어떻게 남의 목숨을 빼앗을 수 있는 무력 사용을 정당하다고 할 수 있겠습니까?

81. 역사적으로 또 신학적으로 이 질문에 가장 명쾌하게 답하신 분은 아우구스티노 성인입니다. 아우구스티노 성인은 역사 안

에 죄가 실재한다는 사실과 죄로 인해 나타는 결과가 하느님 나라의 '아직 아닌' 차원이라는 점에 깊은 감명을 받았습니다. 성인이 보기에 전쟁은 죄의 결과로 나타나는 것이면서 사회정치생활에서 죄의 문제를 해결하는 참혹한 수단이기도 했습니다. 전쟁은 무질서한 욕망에서 비롯된 것이긴 하나, 어떤 경우에는 악을 억제하고 무고한 이들을 보호하는 수단으로 활용되기도 했습니다. 성인의 생각을 잘 보여주는 대표적인 사례가 무고한 희생자에 대한 공격을 막기 위해 치명적 무력을 사용하는 경우였습니다. 무고한 이들이 공격당하는 것을 보게 될 때, 남 심지어 원수조차 해치면 안 된다는 명제가 무고한 이들을 해치는 적을 막을 필요 때문에 나온 사랑의 계명으로 이어지게 됩니다.

82. '정당한 전쟁'은 가톨릭 신학사에서 여러 형태로 나타나는데, 앞에서 소개한 아우구스티노 성인의 통찰이 가장 대표적입니다.[31] 20세기 교황 문헌은 아우구스티노와 토마스 아퀴나스 성인의 논리를[32] 차용하여 권위의 중심이 없는 국제 질서에서 주권 국가들이 보유한 자기 방어 권리를 명확히 인정하고 이 권리를 행사할 수 있는 조건들을 명시했습니다. 제2차 바티칸 공의회 문헌은 이 본질을 다음과 같이 밝힙니다. "전쟁의 위험이 있고 적절한 힘을 지닌 관할 국제 권위가 없는 동안에는, 참으로 평화 협

상의 모든 방법을 다 써 본 정부들의 정당 방위권은 부정할 수 없다."[33] 우리는 개별 국민 국가와 국가의 의무에 관해 가톨릭교회가 가르친 바를 이해하기 위해 이미 이 원칙이 중요하다는 점을 지적한 바 있습니다.

83. 교회의 '정당한 전쟁' 가르침은 전쟁을 방지하기 위한 노력의 일환으로 발전해왔습니다. 교회는 합리적으로 전쟁을 피할 방법을 다 써보고 난 뒤에 비로소 전쟁의 공포를 제한하고 줄일 수 있는 방안을 찾아야 한다고 가르칩니다. 가톨릭교회의 가르침은 전쟁 개시 결정이 윤리적으로 용인할 수 있는 것인지를 판정할 수 있는 엄격한 조건들을 확립해왔습니다. 특히 오늘날 개전(開戰) 결정은 **평화를 수호하고 전쟁을 반대한다**는 전제를 포기할 만큼 중대한 사유가 있어야 합니다. 이것이 유효한 정당한 전쟁의 가르침이 양심적 반대를 허용하는 중대한 이유 가운데 하나입니다. 교회의 가르침은 분별력 있는 사람이라면 누구나 평화를 원하고 결코 전쟁을 일으키기를 바라지 않으며 매우 정당한 방어전의 경우에도 이를 통탄할만한 필요악이라고 인정해야 한다는 점을 전제합니다. 누구도 부정하기 어려울 만한 이유라야 전쟁 반대를 거슬러 전쟁을 허용할 수 있습니다. 비오 12세 교황은 다음과 같이 가르칩니다.

평화를 향한 그리스도교적 의지(…)는 방어할 권리의 수행을 무력에 의지하지 않도록 하기 위해 몹시 주의를 기울입니다. 그 방어의 권리가 아무리 합당하다 할지라도, 무력 수행이 가져올 모든 영적이고 물리적인 결과의 이글거리는 불씨를 댕길 위험을 상쇄할 수는 없기 때문입니다.[34]

84. 과연 언제 최후의 수단인 무력 사용이 이를 강력히 거부하는 기본 전제에도 허용되어야 하는가는 전쟁 개시 조건(jus ad bellum) 기준에 따라 판별됩니다. 정당한 무력 사용의 경우에도 이를 어떻게 사용해야 하는가는 전쟁 수행 조건(jus in bello) 기준을 따릅니다. 우리는 다음에서 두 개념 모두를 간단히 분석해볼 것입니다.[35]

전쟁 개시 조건(Jus ad Bellum)

85. 왜 그리고 언제 전쟁을 허용할 수 있는가?

86. a) 정당한 명분 : 전쟁은 오직 '실제로 존재하고 확실한 위험'에 대항할 필요가 있을 때만 허용됩니다. 즉 무고한 이들의 생명을 보호하고, 존엄한 삶의 조건을 유지하고 인간의 기본권에 필수적인 조건들을 수호해야 할 때뿐입니다. 비오 12세 교황과 요한 23세 교황은 모두, 보복 전쟁을 정당화한 일이 더러 있긴 하였으

나, 현대전이 안고 있는 위험성을 고려할 때 이러한 경우조차 허용하면 안 된다는 점을 분명히 했습니다.

87. b) 합당한 권위 : 가톨릭교회 전통에서, 무력 사용 결정권은 늘 공동선과 연결돼 있었습니다. 선전 포고는 사적 집단이나 개인은 불가하고, 오로지 공적 책임을 맡은 사람만이 할 수 있습니다.

88. 민주주의 사회에서는 반드시 합당한 권위를 가진 사람만이 선전 포고를 할 수 있다는 조건이 중요합니다. 선전 포고의 조건은 이와 관계된 일련의 광범위한 쟁점들을 내포하고 있어 더 상세히 다뤄야 합니다. 미국 역사에서 사회가 가장 참담하게 분열되었던 사례들은 결코 선전 포고를 하진 않았으나 사실상(de facto) 전쟁일 경우 미국 대통령이 국민들을 이 전쟁에 참여시킬 법적, 헌법적 권한을 갖고 있는가를 둘러싼 것이었습니다. 하원에서 전쟁 개시를 의결한 뒤라도, 법적으로 참전 의무가 있거나 참전할 것으로 기대되는 개인한테서 나타나는 양심의 문제 역시 난처한 사례입니다.

89. 당국이 선전 포고를 할 수 있는 합당한 권한을 지니고 있는지 아닌지를 판단하는 기준은 혁명전쟁이 흔해진 이 시대에 더

중요해졌습니다. 역사적으로 '정당한 전쟁'은 '정의로운 혁명'을 지지하는 경향이 있었습니다. 억압적인 정부의 정당성을 인정하기 어렵다는 점을 인식했기 때문입니다. 하지만 혁명전이 제기하는 윤리 문제들까지 세심하게 분석하진 않았습니다. 예컨대 전쟁을 할 만큼 충분한 무기를 보유했다고 해도 해당 시기에 국제사회가 승인한 합법 정부를 전복하는 전쟁은 인정하지 않습니다. 이는 '국가 안보'를 내세워 국민을 체계적으로 억압하는 정부를 정당화할 수 없는 이치와 같습니다.

90. 혁명의 합법성을 인정할 수 있는 상황이 일부 존재하는 것은 사실이지만, '정당한 전쟁'에 관한 교회의 가르침은 혁명-반혁명 분쟁 상황 모두에 공평하게 적용되어야 합니다. 누가 합당한 결정권을 지닌 당국이 되고, 이 권한을 어떻게 행사할 것인가가 핵심 쟁점입니다.

91. 합당한 결정권을 가진 당국 문제에 대하여는 이 서한 가운데 양심적 병역 거부와 선택적 양심적 병역 거부 문제를 다룰 대목에서 다시 다룰 것입니다.

92. c) **상대적 정의** : 오늘날 전쟁 수단을 둘러싼 논의, 특히 각종

무기들의 파괴력에 초점을 맞춘 논의들은 실제 전쟁을 하고 있는 당사자들 간에 존재하는 상대적 정의와 관련된 문제들을 간과하는 경향이 있습니다. 상대적 정의 문제에는 분쟁 당사자 가운데 어느 편이 충분히 '옳다고 할 수 있으며' 이 분쟁에서 내걸고 있는 권리와 가치들이 '전쟁 반대'라는 명제를 뒤집을 만큼 중대한 가치인가가 핵심입니다. 가장 기본적인 질문은 이것입니다. 각자가 내세우는 권리와 가치가 살인을 정당화할 수 있는 측면을 가지고 있는가 하는 것입니다. 어떤 수단을 사용하든 전쟁의 정의(定義) 상 전쟁은 폭력, 파괴, 고통과 죽음을 부르는 일이기 때문입니다.

93. '상대적 정의' 범주는 교회의 '정당한 전쟁' 가르침의 으뜸인 전쟁 반대라는 전제를 강조하려는 목적에서 비롯합니다. 공통의 윤리적 권위도 중앙 정치권력도 인정하지 않는 자주적 국민국가들로 구성된 세계에서, 상대적 정의 개념은 그 어떤 국가도 '절대적 정의' 편에 서 있지 않음을 거듭 일깨워 줍니다. 갈등의 모든 당사자들은 각자가 내세우는 '명분'에 한계가 있다는 점을 인정해야 합니다. 따라서 각자가 이루고 싶은 목표를 달성하고자 할 때도 오직 제한된 수단만 사용해야 한다는 사실도 인정해야 합니다. 상대적 정의는 십자군 정신과는 상반되는 것입니다. 상대적 정의는 절대적 권리 주장을 상대화하고 '정당화할 수 있는' 갈등 상황

인 경우라도 무력 사용을 억제하기 위해 고안한 개념입니다.[36]

94. 선동 기술 그리고 개인이나 국가가 손쉽게 신의 가호나 정당한 명분이 자신들에게 있다고 믿는 망상에 사로잡히는 경우들을 볼 때, 상대적 정의를 적용하는 게 매우 어려운 일이라는 것을 알게 됩니다. 그러나 모든 전쟁 상황이 다 그렇진 않다는 것 또한 분명합니다. 합리적이고 공정한 태도를 지닌 이들은 대부분 체제 외부로부터 오는 노골적 공격과 체제 내 전복 시도를 손쉽게 구별할 수 있습니다.

95. d) 바른 의도 : 바른 의도는 정당한 명분과 연관돼 있습니다. 전쟁은 앞에서 정당한 명분이라 인정할 만한 것이 있을 때만 합법적입니다. 갈등 중에도 바른 의도는 평화와 화해를 추구합니다. 이는 불필요한 파괴 행위나 불합리한 조건을 부과(예: 무조건적 항복)하는 것을 피하는 행위도 포함됩니다.

96. e) 최후의 수단 : 선전 포고가 정당한 최후 수단이 되려면 동원할 수 있는 평화적 대안을 모두 사용한 다음이어야 합니다. 이 조건과 관련하여 여러 큰 문제들이 있습니다. 현재 설립돼 있는 국제기구들 가운데 어느 기구도 대부분의 갈등을 효과적으로 중

재하거나, 유엔과 다른 평화유지군을 개입시켜 충돌을 방지할 수 있을 만큼 국제적으로 충분히 승인된 권한을 행사한 적이 없습니다. 게다가 각 나라와 그 나라의 국민이 다른 나라들 사이의 갈등을 자신들에게 유리한 것으로 여겨 평화적 해결을 위해 애쓰기보다 해결을 방해하는 경향도 나타나곤 합니다.

97. 우리는 UN 기구가 지닌 세계 질서 유지와 그 발전을 장려할 잠재력을 명백히 거부하는 입장을 지닌 이들이 있음을 유감스럽게 생각합니다. 바오로 6세 교황은 UN을 두고, 평화를 위한 마지막 희망이라 하였습니다. 이런 희망이 사라지는 것을 무력하게 지켜보고만 있을 수 없습니다. 요한 바오로 2세 교황의 다음 말씀도 유익합니다.

저는 무엇보다도 제가 여러분을, 국제기구의 지도자와 구성원들 그리고 국제 관료들을 신뢰하고 있음을 거듭 말씀 드립니다! 지난 10년 사이 여러분은 국제기구를 이용하려 드는 각국 정부들의 조작 행위의 표적이 되어 왔습니다. 그러나 현재의 무수한 폭력적 충돌, 분열과 양자 관계를 와해시키는 장애물들이 국제기구들의 활동에 질적 변화를 가져 올 기회를 제공합니다. 새로운 현실을 고려하고 효과적 규제를 단행할

권한을 지니기 위해 내부적 구조 개혁을 거쳐야 한다 해도 말입니다.[37]

98. f) **성공 가능성** : 이 또한 현실에서 적용하기 어려운 조건이지만, 불합리하게 무력에 호소하거나, 이길 가망이 없는데도 무모하게 저항하여 큰 피해를 입는 것을 막기 위해 사용하는 기준입니다. 이 결정은 때로 큰 역경이 있어도 핵심 가치를 수호하는 것이 "그에 상응하는" 증언이 될 수 있다는 인식을 포함합니다.

99. g) **비례성** : 전쟁 개시 조건 논의에서 비례성은 전쟁이 줄 피해와 이로 인해 발생할 비용이 무력을 사용해서 얻을 수 있을 것이라 기대되는 선(善)과 비례 관계에 있어야 한다는 것을 뜻합니다. 또한 이 때 비례성을 둘러싼 판단은 영적 차원을 고려하지 않은 채 세속적 의미의 '피해'나 '비용' 그리고 '기대하는 선' 정도에 그쳐서는 안 됩니다. 오늘날과 같은 상호의존적인 세계에서 지역 갈등도 전 세계에 영향을 미칠 수 있습니다. 특히 핵무기와 원자력에 관련된 문제가 대표적인 사례입니다. 따라서 오늘날 어떤 국가든 자신의 행위가 타자와 국제 공동체에 미칠 파급효과를 고려하지 않고 정당한 전쟁 개시 결정을 할 수 없습니다.

100. 비례성 원칙은 전쟁 개시를 결정하는 순간뿐 아니라 전쟁이 진행되는 전 과정에서 취하는 태도에도 동일하게 적용됩니다. 베트남 전쟁 중에 미국 주교단은 양국 간 갈등이 베트남에 가져온 절망과 미국 사회에 끼친 피해의 수위가 너무 높았기에 전쟁을 지속할 정당성을 잃었다고 최종 결론을 내린 바 있습니다.[38]

전쟁 수행 조건(Jus in Bello)

101. 최후의 수단으로 전쟁을 개시할 조건을 충족할 만큼 절박한 상황일 때도, 전쟁 수행(즉 전략, 전술, 그리고 개별 전투행위)은 지속적으로 다음 두 가지 원칙을 가지고 철저히 주시해야 합니다. 현대 기술을 적용한 전쟁의 파괴력이 더 커졌기 때문에 더 면밀히 주의를 기울여야 합니다. 이 때 두 가지 원칙은 비례성과 구별(discrimination)입니다. 이 서한에서 우리는 이 두 원칙을 전쟁 개시조건과 전쟁 수행 조건에도 그대로 적용할 것입니다. 오늘날 무력 사용여부를 결정할 때 초기에 전쟁 의도와 사용할 무기의 파괴력에 제한을 가한다 해도, 더 광범위하고 심지어 전면전과 참혹할 정도의 잠재적 파괴력을 가진 무기 사용 탓에 더 악화될 가능성을 피할 수 없기 때문입니다. 공의회가 명백하게 보여주었다시피, 적수가 '초강대국'일 경우 이 위험은 더 커집니다.

더구나 이미 강대국들의 무기고에 있는 이 무기들을 전부 사용하게 된다면, 이런 무기 사용에서 오는 세계의 막대한 파괴와 그에 따르는 가공할 결과는 제쳐 두더라도 적대 진영 쌍방이 거의 완전히 몰살될 것이다.[39]

102. 대량 살상과 대량 파괴가 일어나는 것이 핵무기 사용 범위가 넓어졌기 때문만은 아닙니다. 우리는 제2차 세계대전의 융단폭격과 포탄 세례의 공포를 기억합니다. '재래식' 무기로도 세계 각지에서 수백, 수천 명이 목숨을 잃습니다. 유독 가스, 기타 화학무기, 집과 작물의 파괴를 떠올려 보십시오. '원자탄'을 사용하기 수십 년 아니 수 세기 전부터 전쟁은 인간에게 절대적 고통이었습니다. 그렇기에 정직한 사람이라면 누구나 현대 과학무기가 확산됨에 따라 이제는 상상만 해도 끔찍한 일들이 벌어질 가능성이 커졌다는 사실을 인정해야 합니다. 오늘날 우리는 특히 강대국들이 전쟁을 개시하면 어떤 일이 벌어질 것인가 하는 문제뿐 아니라 어떤 일이 일어날 수 있는지도 자문해보아야 하는 전례 없는 시대에 살고 있습니다. 요한 바오로 2세 교황은 세계 지도자들에게 이런 현실을 정면 돌파하라고 여러 번 탄원했습니다.

고전적 전쟁과 핵전쟁 그리고 세균전의 본질적 차이 그리고 제3세계가 처한 어려움과 너무나 대조되는 무기 경쟁 고조라는 언어도단적 상황에 비추어 볼 때, 원칙상 매우 실제적인 이 자기 방어 권리는 국제 사회가 하루 빨리 효과적 타협 수단을 갖추어야 함을 강조할 따름입니다. 전쟁은 분쟁을 해소하는 가장 야만적이고 가장 비효율적 수단이라는 단순한 사실을 발견할 때 우리 시대를 휩쓴 핵에 대한 공포가 오히려 공동의 유산을 더 풍요롭게 가꾸도록 격려할 수 있습니다.[40]

103. 교황청립 과학원(Pontifical Academy of Science)은 1981년 11월 '핵전쟁에 따른 결과에 대한 성명서'를 통하여 요한 바오로 2세 교황이 제기한 문제를 재확인했습니다. 그 후 교황청립 과학원 회의에서 각국 학술원 대표들이 모여 "핵전쟁 방지를 위한 선언"을 발표했습니다. 이 문헌은 현대전이 기존 전쟁 형태들과 성격 자체가 다르다는 교황의 주장이 의미하는 바를 구체적으로 해명합니다. 학자들은 다음과 같이 말했습니다.

인류는 인류역사 내내 전쟁에 직면해 왔다. 그러나 1945년을 기하여 전쟁의 성격이 극심하게 달라져 인류의 미래와 아직 태어나지 않은 세대가 위험에 처하게 되었다. … 인류는 역사상 처음으로, 문명의 상당한 부분을 말살해 버릴 만큼 파멸적 규모의 피해를 초래하고 인간 종 자체의 생존을 위협에 빠뜨릴 지경에 이르렀다. 이런 무기를 광범위하게 사용하는 것은 돌이킬 수 없이 주요한 생태적, 유전적 변화를 촉발할 수 있으며 그 한계는 예측이 불가능하다.[41]

일찍이 공의회는 동일한 문제의식을 분명히 하며, "이 거룩한 공의회는 현대 교황들이 이미 공표한 전면 전쟁의 단죄를 자기 것으로 삼아 이렇게 선언한다"[42]고 밝혔습니다. 이 단죄는 비례성과 구별 원칙에 따른 것입니다. 반격이 자국이 받은 공격 수준을 초과하면 안 됩니다. 오늘날 우리가 '전면전'을 통해 문명을 파괴하는 행위는 자국이 받은 공격에 대한 반격이라 하더라도 비례성 원칙을 크게 어기는 일입니다.

104. 나아가 무슨 의도이건 절대로 무고한 사람들의 목숨을 직접 공격 대상으로 삼아서는 안 됩니다. 사실 '전면'전은 그 말 자체가 수많은 무고한 생명을 빼앗는다는 뜻입니다. 공격에 대한 정당한 대응이라 하더라도 선별적이어야 합니다. 반격은 공격자가 불의할 때만 해야 하고, 자신들이 일으키지 않은 전쟁의 볼모로 잡힌 무고한 이들을 겨냥해선 안 됩니다. 공의회는 이런 정신에 다

라 다음과 같이 기념비적인 선언을 했습니다.

도시 전체나 광범한 지역과 그 주민들에게 무차별 파괴를 자행하는 모든 전쟁 행위는 하느님을 거스르고 인간 자신을 거스르는 범죄이다. 이는 확고히 또 단호히 단죄받아야 한다.[43]

105. 실제 구체적으로 사용할 군사적 수단들 가운데 선택이 필요한 경우 비례성 원칙에 따라 다음과 같은 질문을 해 보아야 합니다. 이 수단을 사용하여 얻을 군사적 이익뿐 아니라 발생하리라고 합리적으로 예측되는 피해를 고려할 때, '이 무력 사용이 여전히 정당한가?'라고 말입니다. 물론 우리는 어떤 목적도 그 자체로 악한 수단 즉 포로 처형이나 비전투원을 겨냥한 공격 등을 정당화할 수 없다는 사실을 알고 있습니다. 그러나 사용한 수단이 악하지 않은 경우라 하더라도, 이 수단 때문에 발생할 가능성이 큰 손해와 이런 해악을 감수하는 것이 정의로운지 숙고해야 합니다. 이 손해와 이것을 정의로 인정해도 되는가를 가늠할 때, 가난한 이들과 무력한 이들을 우선적으로 고려해야 한다는 점이 가장 중요합니다. 전쟁 폭력이 이들의 삶에 행사될 때, 이들은 대체로 얻을 것은 가장 적고 잃을 것은 가장 많기 때문입니다.

106. 군비 경쟁을 할 때 이 무력 대응이 실제 불의한 공격에 대한 합법적 방어를 목표로 하고 이를 달성하기 위해 사용하는 수단이 악하지 않은 경우라도, 우리는 여전히 그에 수반되는 악을 다룰 때 비례성 원칙을 고려해야 합니다. 터무니없이 많이 드는 전쟁비용, 안보불안 때문에 조성된 전반적 분위기, 고성능 파괴 무기를 실수로 발사할 가능성, 보복과 전쟁으로 이어질 수 있는 실수와 계산 착오의 위험. 이런 악과 군비 경쟁에서 간접적으로 파생될 여타의 악들은 그 자체가 공격에 비례하는 대응이라 할 순 없지 않습니까? 요한 바오로 2세 교황은 "사람들이 자신의 존재와 자유를 보호하기 위한 권리와 의무는 비례적 수단의 사용에 달려 있음"을 매우 명확히 하였습니다.[44]

107. 끝으로, 구별(=선별) 원칙과 관계되는 또 다른 몇 가지 질문이 있습니다. 구별 원칙은 비전투원과 비군사적 표적에 대한 직접적이고 의도적인 공격을 금지합니다. 여기서 '의도적인'이라는 말, '비전투원'의 범주, 그리고 '군사적'이라는 말의 의미에 대해 여러 질문을 해볼 수 있습니다.

108. 이 질문들은 오늘날 점점 더 자주 일어나고 있어 토론해 볼만합니다. 간결하고도 결정적인 답이 아직 도출되지 않은 것으

로 보이기에 우리는 이런 토론을 장려합니다. 현대전에서 무력 동원은 단지 군사적 차원뿐 아니라 정치, 경제, 사회 분야와도 상당한 정도 연결돼있습니다. 누가 '전쟁 수행(war effort)'에 직접 관여하였고, 어느 범위까지 그랬는지 밝히는 일이 언제나 쉽지는 않습니다. 하지만 전쟁 수행 범위를 아무리 넓힌다 해도, 학령기 아이들, 병원에 입원한 환자들, 노약자와 병자들, 비(非)군사용 상품을 생산하는 일반산업 노동자, 농부들과 그 외 다른 많은 집단 구성원들이 전투원이 아니라는 정도는 이성적으로 구별할 수 있습니다. 절대 이들을 직접 공격대상으로 삼아서는 안 됩니다.

109. 군사 표적을 향한 직접 공격의 문제도 비슷한 정도로 복잡합니다. 어떤 표적이 '군사적'인 것이고 어떤 것이 아닙니까? 예컨대 (반란군이나 정규군이) 민간인 밀집 지역이나 민간인의 집을 이용하는 행위가 어느 정도나 공격을 자초한다고 할 수 있습니까? 도심에 위치한 탄약 공장은 어떻습니까? 이곳들을 공격하여 비전투원이 사망했을 때 이 일에 대해 누가 직접 책임을 져야 합니까? 이전에 했던 질문으로 다시 돌아가 보면, 전투원과 군사 표적을 향한 공격이 비전투원 사망자를 발생시켰을 경우, 비전투원 사망자가 몇 명일 때 이 간접 공격을 '용인 가능'하다고 말하겠습니까?

110. 비례성과 구별 두 원칙은 이처럼 복잡하지만 오늘날 각국이 소유하고 있는 모든 무기(재래식 무기, 핵무기, 생물학 무기와 화학 무기)에 적용되어야 합니다.

4. 비폭력의 가치

111. 예수님의 삶과 그분의 가르침에 감화된 일군의 그리스도인들이 이미 초대 교회 때부터 비폭력을 실천하는데 헌신했습니다.[45] 일부 신자들은 예수님의 복음을 '살인하지 않는 것'이라 이해했습니다. 또 다른 신자들은 기도와 여타의 영적인 방법으로 원한과 적개심을 제어했습니다.

112. 2세기 중반, 순교자 성 유스티노는 이방인 독자들에게 칼을 쳐 보습을 만들고 창을 쳐 낫으로 만들라는 이사야의 예언이 그리스도께 오심으로써 이뤄졌다고 선언했습니다.

전쟁과 서로를 향한 살육, 그리고 세계 곳곳에서 일어나는 그 밖의 모든 불평등에 환호하던 우리가, 우리의 무기를 평화의 도구로 바꾸었습니다. 우리의 칼은 보습이 되고 우리의 창은 농사짓는 이의 도구가 되었습니다. 그리고 우리는 성부 하느님께로부터 유래하여 십자가에 못 박히신 우리 구원자를 통하여 받은 경외, 정의, 형제애, 믿음과 희망을 일굽니다.[46]

113. 3세기 교부인 카르타고의 치프리아노 성인도 비슷한 주장을 펼쳤습니다. 성인은 당대 그리스도인들이 그들의 원수에 대항해 싸우지 않음을 가리키며, 그런 그들의 태도를 올바르다고 보았습니다.

> 그들은 자신들을 공격해 오는 이들에 대항해 싸우지도 않습니다. 결백한 이들은 설령 자신들에 대한 공격자라 할지라도 그를 죽일 권리가 없고 곧바로 그들의 영혼과 피가, 너무 많은 악의와 잔인함이 횡행하는 이 세상과 그 악의, 잔인함으로부터 멀어지도록 인도합니다.[47]

114. 초대 그리스도인들 가운데 군 복무를 거부한 이들도 있었는데, 이들은 로마 군대에서 성행하던 우상 숭배 행위에 참여하고 싶지 않아서였습니다. 또 한 가지의 강력한 거부 동기는 군 복무가 전투와 살상 준비를 포함하고 있다는 사실 때문이었습니다. 이런 사례가 4세기에 주교였던 투르의 마르티노 성인입니다. 성인은 다음과 같이 설명하며 군인 직무를 포기했습니다. "지금까지

저는 당신을 용사로서 섬겼습니다. 이제 제가 하느님의 용사가 되도록 허락해 주십시오. … 저는 그리스도의 용사입니다. 제게 싸움은 적법하지 않습니다."[48]

115. 4세기부터 현재까지 그리스도인의 비폭력과 그리스도교 평화주의는 어떤 때는 더 강렬하게 어떤 때는 더 희미하게 울려 퍼지고 또 울려 퍼졌습니다. 이런 비폭력 인물의 가장 위대한 전형은 아씨시의 성 프란치스코입니다. 성인은 화해와 평화를 향한 개인적 노력 외에도 재속회 회헌을 통하여, 제3회의 일원이 된 평신도들이 "누구에 대항해서도 치명적 무기를 쳐들거나 소지하지 말 것"을 명시했습니다.

116. 그리스도교 비폭력주의의 전망은 불의와 타인의 권리 보호에 대해 수동적이지 않습니다. 오히려 이 시각은 비폭력적인 방법으로 불의에 항거함이 무엇을 의미하는지 단언하고 또 그 모범을 보입니다.

117. 20세기에 들어 비그리스도인인 마하트마 간디의 증거와 그가 미친 세계적 파장 외에도, 도로시 데이나 마틴 루터 킹 등 비폭력을 삶으로 증언한 이들이 미국 교회에 큰 영향을 주었습니다.

제2차 바티칸 공의회는 그 이전 수 세기 동안 많은 그리스도인들이 증거한 비폭력의 삶을 놀라운 방식으로 언급합니다.

118. 사목 헌장 최종판에 수록된 두 구절이 다양한 삶의 여정 중에 있는 가톨릭 신자들에게 전쟁과 군 복무에 대한 그들의 태도를 그리스도교 평화주의의 빛 아래 조망할 수 있도록 특별히 장려합니다. 79항에서 공의회 교부들은 각국 정부들이 모든 전쟁에 양심적 거부 입장을 밝힌 사람들의 권리를 보호할 수 있는 법안 제정을 요청합니다. "그뿐만 아니라 양심적 동기에서 무기 사용을 거부하는 사람들의 경우를 위한 법률을 인간답게 마련하여, 인간 공동체에 대한 다른 형태의 봉사를 인정하는 것이 마땅하다."[49] (교회의 가르침을 담은 여러 종류의 문헌 가운데) 이 정도의 중요도를 지닌 문헌에서 양심적 병역 거부자들을 법적으로 보호하라는 요청이 나타난 첫 사례였습니다. 이 주장의 심오한 의미에 더하여, 이 선언은 공의회 교부들이 앞선 항에서 '권리 주장에서 폭력 행위를 거부하는' 이들을 높이 산 점에 비추어 볼 때 더 큰 의미가 있습니다.[50] "우리 시대의 인간 생명"(1968년 발표)에서 우리는 양심적 병역 거부 선택을 인정하는 입법 조치를 요청했습니다.[51]

119. 가톨릭 주교로서 우리는 교회 공동체와 더 넓은 사회를 향

하여, 제2차 바티칸 공의회가 가르친 개인이 평화주의적 방식을 선택하는 것을 지지하는 일의 중요성을 강조할 의무가 있습니다. 공의회 이후의 교황들은 비폭력 증언의 의미를 재차 확인해 왔습니다.

120. 평화신학이 발전하고 그리스도교적인 평화를 추구하는 가톨릭 신앙인이 늘어남에 따라 사목 헌장의 가르침도 특별한 의미를 갖게 되었습니다. "이 모든 것은 우리가 완전히 새로운 정신으로 전쟁을 검토하도록 요구한다."[52] 공의회 교부들은 '과학 무기의 발달로 전쟁의 공포와 잔혹성은 엄청나게 불어났음을' 지적합니다.[53] '정당한 전쟁'에 관한 가르침이 지난 1500년 간 가톨릭 사상에 스며있었다는 것은 분명합니다. 그러나 현재 우리가 보고 있는 '새로운 운동'에서는 '정당한 전쟁'에 관한 가르침과 비폭력주의를 전쟁을 평가하는 두 개의 구별되지만 상호 의존적인 방법론들로 봅니다. 이 둘은 몇 가지 특정 결론에 대해서는 입장을 달리하지만 분쟁을 해결할 때 무기 사용을 반대하는 점에는 일치합니다.

121. 이 두 가지 모두 그리스도교 신학 전통에 뿌리를 두고 있습니다. 각각은 우리가 인도적 평화를 추구할 때 필요한 충만한

윤리적 전망에 기여합니다. 우리는 이 두 가지 관점이 서로를 지지하고 보충하며, 각자가 다른 쪽이 왜곡되지 않도록 돕는다고 믿습니다. 끝으로 기술 전쟁의 시대인 지금, 비폭력주의 관점에 따른 분석과 '정당한 전쟁론'의 관점에 따른 분석은 종종, 전면전과 사실상 구분되지 않는 전쟁 방법을 반대하는 입장으로 수렴되고 이 입장에 동의합니다.

2장

현대 세계에서의 전쟁과 평화 : 문제와 원칙

122. 정당한 전쟁에 관한 교회 가르침과 비폭력 원칙 모두 핵전쟁 탓에 유례없는 도전을 받고 있습니다. 특히 핵무기와 오늘날처럼 계획하는 핵전쟁 때문에 새로운 윤리 문제들이 나타났습니다. 이전에 정립된 다른 윤리적 입장들도 현대의 핵전략이 제기하는 근본적인 도전에서 자유롭지 않습니다. 오늘날 "전쟁에 대해 완전히 새로운 재평가를 수행해야 한다."는 저명한 과학자들의 진술과 제2차 바티칸 공의회 교부들의 입장이 유사한 점이 많다는 사실에 주목합니다. 우리가 직면한 과제는 단순히 우리가 이전에 말했던 방식을 그대로 따르는 것으로는 해결되지 않습니다. 먼저 핵무기가 인류 가족에 제기하고 있는 위협을 종교-윤리 전통이 과연 어떻게 평가하고, 방향을 제시하고, 억제할 수 있는지 새롭게 고려할 수 있어야 합니다. 그리고 가능하다면 이 위협이 사라질 수 있도록 도와야 합니다. 요한 바오로 2세 교황은 히로시마 순례 중에 이 문제의 본질에 대해 다음과 같이 이야기하였습니다.

과거에는 마을, 동네, 지역, 심지어 국가까지 파괴할 수 있었습니다. 그러나 지금은 전 지구가 위협을 당하고 있습니다.[54]

123. 요한 바오로 2세가 이 말에서 보여준 통찰은 이 윤리 문제가 매우 중요한 종교 문제임을 드러내 주고 있습니다. 미국이나 소련이 가진 핵무기만으로도 지구 전체가 위태롭습니다. 이는 이전 시대엔 상상도 할 수 없었던 일입니다.[55] 이 사태는 신앙인들이 창세기를 새로운 눈으로 읽어야 함을 보여줍니다. 핵전쟁으로 위태로워진 윤리 문제에는 가장 생생히 표현할 수 있는 죄의 의미도 포함됩니다. 피조물과 창조주를 거스르는 모든 행위가 죄입니다. 오늘날 원자력이 가진 잠재적 파괴력은 인간, 그리고 우리가 오랜 시간에 걸쳐 쌓아 올린 문명, 심지어 창조 질서도 위협합니다.

124. 오늘날 우리는 매우 극적인 상황에 직면해 있습니다. 우리는 절대 사용하면 안 되는, 그러나 우리가 방향을 전환하지 않는 한 사용하게 될 힘을 갖고 있습니다. 우리는 단 한 번의 실수도 용납하지 않는 핵무기와 함께 살고 있습니다. 이러한 사실은 우리가 정치적, 윤리적, 영적으로 위태로운 처지에 있음을 극적으로 보여

줍니다.

125. 오늘날 두드러지는 '시대의 징표'는 핵무기 경쟁이 갖는 위험에 대한 인식이 급격히 높아진 점입니다. 이러한 인식은 미국과 다른 나라에서 핵 정책에 대한 대중 토론을 전례 없는 범위와 깊이로 이끌어 냈습니다. 수년간 거의 의문의 여지가 없었던 것이 지금은 가장 첨예한 비판의 대상이 되었습니다. 이전에는 안전하고 안정적인 억지 체계라 생각했던 것이 지금은 정치적이고, 윤리적 회의주의 관점에서 평가됩니다. 이 새로운 평가에는 다양한 힘이 작용합니다. 우리는 이 사목 서한으로 우리를 인도한 평화의 복음적 전망이 힘의 결정적 요소 중의 하나라고 믿습니다. 우리는 지난 40여 년 가까이 핵 시대를 살아왔습니다. 현재 우리는 이 시대를 새로운 관점으로 보고 있습니다. 복음의 누룩과 성령의 빛이 이 새로운 관점의 핵심 축입니다.

A. 새로운 순간

126. 핵무기 경쟁을 새롭게 평가할 때 다음 두 가지 핵심 요소를 고려해야 합니다. 핵무기의 잠재적 파괴력과 핵 시대가 정치와 윤리 모두에 제기하는 절박한 선택 문제입니다.

127. 핵 시대가 군사적인 현실로 이행되기 시작한 운명적 계기는 바오로 6세 교황이 '전례 없는 규모의 학살'[56]이라 말한 히로시마와 나가사키 폭격이었습니다. 그 이후 군축 통제와 여러 계획(예: 1946년 바룩 계획[3])이 있었지만 그럼에도 핵무기 숫자는 두 초강대국에서 특히 크게 늘었습니다. 이 두 국가가 보유한 핵무기의 질적 우위가 다른 네 핵보유국의 핵 역량, 그리고 몇 단계만 거치면 핵보유국이 되는 몇 나라들을 자극해선 안 될 것입니다.

128. 핵무기의 단계적 확산에 대한 반대는 산발적이고 선택적으로 이루어졌지만, 이것이 효과적이었던 적은 없습니다. 핵 경쟁은 전문가들과 일부 시민의 신중한 문제 제기, 강력한 반대 집회가 있었음에도 계속 이어졌습니다. 오늘날 군비 경쟁 반대는 더이상 선택적이거나 산발적이지 않습니다. 오히려 널리 그리고 지속적으로 확산되고 있습니다. 핵무기가 갖는 위험성과 파괴력을 인식하고, 다시 긴박하고 강하게 반대하고 있는 것입니다. 1976년 교황청이 UN에 제출한 입장문이 오늘날 공개적으로 논의되는 중입니다. 군비 경쟁은 위험한 행위, 가난한 이들에 대한 공격, 그리고 군비 경쟁이 약속하는 안보도 보장하지 못하는 어리석은 행위

---

3 역자 주 : The Baruch Plan. UN 원자력기구 첫 회의에서 미국 정부가 제안한 원자력 제한 계획을 말합니다(버나드 바룩(Bernard Baruch)이 주로 작성).

로 규탄 받고 있습니다.[57]

129. 교황의 가르침은 이 군비 경쟁의 어리석음과 위험을 지속적으로 다뤄왔습니다. 그러나 오늘날 위와 같이 일반 대중의 인식이 새로워진 것은 핵전쟁이 인간에 미치는 구체적 영향을 밝힌 과학자들과 의사들의 업적 덕분입니다.[58]

130. 요한 바오로 2세 교황은 핵전쟁 방지에 대한 큰 개인적, 사목적 관심을 바탕으로 교황청립 과학원에 연구를 의뢰하였고, 이 연구는 다른 과학 연구기구들의 발견을 촉진했습니다. 교황은 이 연구 결과를 미국, 소련, 영국, 프랑스 지도자들과 그리고 UN 총회 의장에게 교황청 대표를 통해 제출했습니다. 연구의 결론 중 하나는 미국에서 여론의 쟁점이 된 내용과 깊은 관련이 있습니다.

핵전쟁에서 승리하거나 생존하는 문제에 대한 최근 논의는 의학적 현실을 반영하지 못한 점을 반성해야 합니다. 모든 핵전쟁은 필연적으로 효과적인 의학적 개입 가능성이 없는 죽음, 질병과 일부 대혼란으로 인한 고통을 일으킬 것입니다. 이 현실 탓에 역사적으로 생명을 위협하는 전염병에 대해 의사들이 내린 결론과 같은 통제가 예방에 필수적이라는 동일

한 결론에 이르게 됩니다.[59]

131. 이 의학적 결론은 윤리적 당위로 이어집니다. 전통적으로, 가톨릭교회의 윤리에 관한 가르침은 먼저 전쟁 방지를, 전쟁이 일어났을 때는 그 피해를 최소화하는 것을 목적으로 했습니다. 핵전쟁에 대해 정치적, 윤리적으로 제한할 가능성이 매우 낮기 때문에 오늘날의 윤리적 과제는 의료영역에서와 같이 예방입니다. 이와 같은 방식으로 핵전쟁을 거부하려면 새로운 생각, 새로운 비전뿐 아니라 복음이 요청하는 회심도 필요합니다.

132. 핵전쟁은 안 된다고 말하는 것은 필수적이면서도 복잡한 일입니다. 우리는 구체적인 문제에 윤리 원칙을 적용하는 전통을 따라온 윤리 교사들입니다. 특히 이 서한에서 우리는 단순히 일반적인 윤리 원리를 다시 서술하거나 전쟁 윤리에 대한 잘 알려진 요구 사항을 반복하는 것으로 만족할 수 없었습니다. 우리는 다양한 신념을 가진 폭넓은 전문가들의 지원을 받아, 현존하는 무기, 제안된 무기 체계의 성격, 이 무기 사용을 규정하는 원칙, 무기 사용 결과를 검토해야 했습니다. 우리는 현재 미국의 핵전략을 반대하는 시위에 인생을 바친 사람들, 또 현재 전략을 책임지고 있거나 이전에 책임졌던 사람들과도 이야기를 나누었습니다. 이 일은

정신이 번쩍 들게 하면서도 당혹스러운 경험이었습니다. 제시된 증거와 증언들 그리고 우리의 연구, 성찰, 자문에 따를 때 핵전쟁은 반드시 피해야 하는 일입니다. 우리는 우리의 판단을 핵 문제를 구성하는 특정 요소들과 결부해 설명할 의무가 있다고 생각합니다.

133. 현재 강대국들이 유지하고 있는 위험하고 부서지기 쉬운 관계는 존재해서는 안 되는 것입니다. 하지만 우리는 이 관계가 어떻게 존재하게 되었는지 이해합니다. 중앙 기구가 부재하고, 핵무기 생산 기술을 일부 국가가 소유한 주권 국가의 세계에서 많은 선택이 이루어졌습니다. 어떤 선택은 명백히 반대할 만한 것이었고, 또 어떤 선택은 좋은 의도였으나 복합적인 결과를 초래해 오늘날 세계를 위험하게 만들었습니다.

134. 우리는 서로를 파국으로 치닫게 하고, 평범한 사람들, 특히 젊은이들에게 심리적 피해를 주고, 경제적 우선순위를 왜곡하는 것과 같은 체계의 정치적 실패가 눈에 띄게 늘어나는 것을 보고 있습니다. 미국과 해외의 노숙자, 주린 이들, 도움을 받지 못하는 사람들에게 훨씬 적은 예산을 쓰기 위해 입법부에서 매일같이 격전을 치루는 동안, 수십억 달러가 순조롭게 이 파괴적 도구에 쓰

였습니다. 어떻게 '핵전쟁 반대'라는 기치를 국가 정책과 국제 체계가 하느님 나라의 가치와 전망을 더 적절히 반영하는 새로운 방향으로 이끌리도록 우리의 개인적, 공적 선택을 할 수 있는지 명확하지 않습니다.

135. 우리가 핵 시대의 정치와 전략에 대해 평가할 때 겪는 팽팽한 긴장은 핵 딜레마의 갈등 요소와 이것이 초래한 공포의 균형이 반영된 것입니다. 우리는 이 서한에서 전쟁이 일어난다는 사실 자체가 이 세상에 죄가 존재함을 입증하는 것이라고 말했습니다. 핵 위협과 이것이 인간의 삶과 문명에 미치는 위험은 무력 사용, 특히 국가 간 무력 사용을 억제하려는 정치공동체의 계속적 투쟁을 질적으로 새로운 방식으로 보여줍니다.

136. 엄밀히 말하면 핵무기의 파괴적 속성 때문에, 이전 세대가 현명하지 못하다고 생각할 법한 전략들이 개발되었습니다. 오늘날 군사훈련은 크고 복잡한 규모로 이뤄지면서도, 그 목적이 생산된 무기를 사용하는 것은 아니라고 공표하고 있습니다. 이를 수행하는 데 따르는 위험은 자살과 유사할 것입니다. 안보의 핵심은 이제 군사 기밀에 있지 않습니다. 어느 경우에는 적에게 공개적으로 어떤 무기를 가지고 있고 어떻게 사용할 것인지 알리는 것

이 안보를 보장하는 가장 좋은 방법일 수 있습니다. 주권이 한 국가의 영토와 인구를 보호할 수 있다는 주권 국가체제의 전제는 두 초강대국의 핵 능력 탓에 무의미해졌습니다. 어떤 전략이 '합리적'인지, 어떤 종류의 피해가 '용납할 수 없는' 것인지, 상대의 위협이 얼마나 '명백한'지는 상대가 어떻게 받아들이는가에 달려 있습니다.

137. 핵 억지력의 정치적 역설은 우리의 윤리 개념 또한 제한했습니다. 한 국가가 절대 해서는 안 되는 일로 위협해도 됩니까? 한 국가가 절대 사용하면 안 되는 것을 소유해도 됩니까? 각 초강대국이 가하는 위협에 누가 관여합니까? 정부 관리? 군인? 아니면 위협을 막으려는 시민입니까?

138. 간단히 말하면, 이 상황은 명백히 위험합니다. 하지만 핵시대에 어떻게 핵무기 사용을 방지하고, 억지력을 평가하고, 윤리적 책임을 설명한 것인지는 덜 명확하였고, 덜 언급되었습니다. 우리는 이 사목 서한에서 핵 문제의 복잡성을 반영하여 상세하고 정교한 주장을 펴고자 합니다. 그러나 핵전쟁에 대한 반대 입장은 결정적이고 단호해야 합니다.

B. 종교적 지도력과 대중 토론

139. 핵전쟁 방지는 여러 관점에서 잠재적 파괴력을 제한할 수 있는 유일하고 가장 확실한 방법입니다. 우리는 국가 정책 도구로 핵전쟁을 이용하는 것에 대중이 저항할 때 명확한 결의를 다지는 데 기여하는 윤리 교사 역할을 수행하려 합니다. '방지가 유일한 해결책'이라면, 절대 일어나서는 안 되는 일을 방지하는 다양한 작업을 수행할 수 있습니다. 주교로서, 우리는 요한 바오로 2세 교황이 1982년 "세계 평화의 날 담화"에서 정의한 특별 과제에 대해 알고 있습니다.

> 평화는 권력자들의 힘만으로는 실현할 수 없습니다. 평화는 선한 의지를 가진 모든 사람의 굳은 결의가 수반되어야만 단단히 쌓일 수 있습니다. 지도자들은 그들을 고무하는 여론의 지원을 받고 힘도 얻어야 하지만, 필요할 때는 거부할 수 있어야 합니다.[60]

140. 교황은 여론 형성 과제를 추상적으로 제시하지 않았습니다. 민주주의 사회에서 특히 대중여론은 정책과 전략을 수동적으로 묵인할 수 있습니다. 또한 여론은 일련의 조치를 통해 정부의

행정력을 제한할 수 있습니다. 이 '새로운 시기'의 핵무기에 관한 대중 토론은 여론과 공공정책 사이의 관계를 시험할 창조적 기회와 윤리적 명령을 제공합니다. 우리는 억지를 위해 실행 가능한 방어 전략으로 고려하고 있는 핵전쟁 개념에 대항할 수 있는 장벽을 구축할 필요가 있다고 생각합니다. '이길 수 있다'는 핵전쟁 수사(修辭), 또는 핵 공격을 서로 주고받으면서도 생존할 수 있을 것이라는 비현실적 기대에 대해 대중적인 저항이 필요합니다. 우리는 이런 미사여구를 반대합니다.

141. 우리는 미국과 타국 정부가 핵 정책에 대해 취할 행동을 엄격히 제한하려는 시민들의 태도를 장려합니다. 우리는 종교 지도자들이 공무원, 전문가, 민간단체, 언론과 협력하여 군사 정책이 말이나 행동으로 넘지 말아야 할 한계를 설정할 임무가 있다고 믿습니다. 복잡한 공공 정책 토론에서 윤리적 담화를 주제로 삼기 위해서는 여러 단계가 필요합니다. 우리는 윤리에 관한 공개적 대화에 대한 초대로서 우리의 성찰을 제시하고, 다음 네 가지 문제를 차례로 다루려 합니다.

  1) 핵무기 사용

  2) 억지력 정책의 원칙과 실제

  3) 전쟁 위험을 줄이기 위한 구체적 단계

4) 정책과 외교 분야의 장기적 조치

C. 핵무기 사용

142. 핵 관련 논쟁에 대한 윤리 지침을 제정하기 위해서는 먼저 핵무기 사용에 대해 논해야 합니다. 이 문제에는 여러 측면이 있습니다.

143. 가톨릭교회에서 모든 종류의 폭력을 금지하는 것으로 복음의 가르침을 이해하는 사람은 어떤 조건에서도 핵무기 사용을 반대할 것이 분명합니다. 어떤 의미에서 이런 무기들의 존재는 비폭력 입장에 관한 초대 교회의 통찰 가운데 하나를 명료하게 확인, 강화시킵니다. 핵무기를 선택적이고 제한적으로 사용할 것이라는 희망은 많은 경우 공상에 불과하기 때문에, 그리스도인들은 이 치명적인 힘을 사용하면 안 됩니다. 핵무기는 이전과는 다른 방식으로 이를 증명하는 듯 보입니다.

144. 합법적 힘의 사용을 일부 인정하는 전통에서 보면, 현대 핵전략의 몇 가지 중요한 요소들은 윤리적으로 정당화할 수 있는 범위를 넘어 섰습니다. 정당한 힘의 사용은 선별적이고, 비례적이

어야 합니다. 우리가 다음에서 논의하게 될 미국과 소련이 취하는 전략의 특정 측면은 앞의 두 가지 특성 모두를 결여하고 있습니다. 핵기술 관련 문헌과 미국의 핵전략에 밀접히 관여하고 있는 공무원들의 개인적 증언을 통해 우리는 핵전쟁 때 서로 발사하게 되는 핵무기의 숫자가 무한정일 가능성이 매우 높다는 사실을 확인할 수 있었습니다.[61]

145. '제한' 핵전쟁에 대한 보다 복잡한 문제에 대해 우리는 이 주제를 다룬 문헌과 논쟁의 숫자가 방대하다는 사실을 알고 있습니다.[62] 공무원들은 교황청립 과학원이 내놓은 연구의 다음 결론을 반박할 수 없는 것 같았습니다.

> 군사 시설만을 대상으로 하는 핵 공격조차 국가 전체적으로 치명적인 결과를 초래할 것이다. 이는 군사 시설이 몇 군데에 집중된 것이 아니라 널리 퍼져 있기 때문이다. 따라서 많은 핵무기들을 사용해야 할 것이다.
>
> 자연풍과 대기 혼합으로 인한 방사능의 확산 역시 수많은 사람을 죽이고 넓은 지역을 오염시킬 것이다. 어떤 국가의 의료 시설도 생존자들을 돌보기에 충분하지 않다. 핵전쟁이 초래하는 의학적 상황에 대한 객관적 조사를 통해 예방이 우리

의 유일한 수단이라는 결론을 내리게 된다.[63]

윤리적 원칙과 정책 결정

146. 이런 관점에 비추어 우리는 다음 문제를 더 분명히 다루려 합니다.

(1) 민간 지역을 대상으로 하는 전쟁
(2) 핵전쟁 개시
(3) 제한 핵전쟁

1. 민간 지역을 대상으로 하는 전쟁

147. 어떤 상황에서도 핵무기와 다른 대량 살상 도구는 민간 지역 또는 민간인 비율이 압도적으로 높은 지역을 파괴하기 위한 목적으로 사용해선 안 됩니다. 교황들은 이렇게 사용되는 것을 전제하는 '총력전' 개념을 반복적으로 규탄해 왔습니다. 예를 들어, 비오 12세 교황은 일찍이 1954년 초 핵전쟁이 '인간의 통제를 완전히 벗어나 일어날 때' 핵전쟁이 벌어지는 지역 내에 살고 있는 주민들을 완전히 그리고 간단히 몰살시킬 수 있다고 규탄했습니다.[64] 이는 제2차 바티칸 공의회에서도 반복되었습니다.

도시 전체나 광범한 지역과 그 주민들에게 무차별 파괴를 자행하는 모든 전쟁 행위는 하느님을 거스르고 인간 자신을 거스르는 범죄이다. 이는 확고히 또 단호히 단죄받아야 한다.[65]

148. 핵무기로든 재래식 무기로든 자국 정부의 무모한 행동으로 인해 어떤 식으로든 무고하고 책임이 없는 많은 사람들의 생명을 앗아가는 무차별 보복 행위 역시 단죄받아야 합니다. 우리의 판단에 따르면 이 단죄를 자국 도시가 공격당한 후 적국 도시에 대해 보복 공격을 하는 데도 적용할 수 있습니다. 그리스도인에게 비전투원 살해 명령이나 정책은 정당하지 않습니다.[66]

149. 우리의 핵전략에 대한 논의를 시작하면서 이 판단을 명확히 하려 합니다. 왜냐하면 비전투원 면책 원칙은 전쟁 윤리에 매우 중요하고, 핵 시대가 이 원리에 대해 극단적인 문제를 야기했기 때문입니다. 이런 관점에서 우리는 이 서한의 다음 부분에서 최근 미국의 전략 중 민간인을 직접 대상으로 하거나 직접 공격을 하지 않겠다는 결정의 구체적 측면을 다룰 것입니다. 그러나 우리는 비전투원 면책의 도덕적 가치를 수호하려는 데 관심을 가지고 있기에 이 문제에 대해 우리가 처음 제시한 원칙을 명확히 재확인

할 필요가 있습니다.

2. 핵전쟁 개시

150. 우리는 어떤 규모로 제한하든 의도적인 핵전쟁 개시를 윤리적으로 정당화할 수 있는 상황은 없다고 봅니다. 타국의 비핵 공격에는 반드시 핵 이외의 수단으로 대항해야 합니다. 그러므로 핵을 사용하지 않는 방어 전략을 가능한 한 빨리 수립해야 할 중대한 윤리적 의무가 있습니다.

151. 이 문제에 관해 진지한 논쟁이 진행되고 있습니다.[67] 정치적 측면으로만 표현되고 있지만, 이 문제에는 중요한 도덕적 차원도 들어 있습니다. 일부는 전쟁 초기 단계에 군사 목표물에 대해서만 제한된 숫자의 핵무기를 사용할 수 있다고 주장했습니다. 미국과 NATO는 오래전부터 NATO 군(軍)이 재래식 무기만으로는 전쟁에 질 위험이 있을 때 핵무기, 특히 전술핵무기를 사용할 수 있다는 정책을 고수해왔습니다. NATO와 소련 공히 유럽에 상당한 양의 전술 핵무기를 배치하였습니다. 이 핵무기 중에는 히로시마에 떨어진 폭탄보다 일부는 상당히 작고, 일부는 더 큽니다. 이런 무기를 많이 사용하면, 서유럽과 중유럽에 소재한 인구 밀도가

높은 나라들은 완전히 파괴될 것입니다.

 152. 유럽이나 아시아의 일부 또는 중동 지역에서 일어나는 전쟁의 경우나 미국과 소련이 서로 직접 전략 무기를 사용할 경우, 핵무기 사용 제한은 커다란 난관에 부딪힐 것입니다. 많은 전문가들은 전투 상황에서 사령관들이 통제력을 엄격히 행사할 수 없을 것이라고 말합니다. 사용하는 무기 숫자는 빠르게 늘어나고, 타격 목표는 군인이 아닌 대상으로까지 확대되며, 민간인 사상자 숫자도 엄청나게 늘어날 것입니다.[68] 이런 상황을 제한하기 위해 정치적 노력을 하고 있음에도, 아무도 이렇게 단계적으로 증가하지 않을 것이라 확신할 수 없습니다. 핵무기 사용을 제한할 가능성은 희박해 보이고, 대량 살상으로까지 이어지면 그 결과는 끔찍할 것입니다. 전직 공무원들은 어떤 핵전쟁도 실제로 계속 억제될 가능성은 없다고 증언했습니다. 그들의 증언과 이와 관련된 결과들로 인해 우리에게 어떤 형태로든 핵무기 사용의 단계적 증가에 따르는 위험이 너무 커서 핵전쟁을 윤리적으로 정당화할 수 없다는 결론을 내리게 되었습니다. 이 위험은 무기 체계에 적용된 기술뿐 아니라 인류 공동체의 나약함과 죄에도 뿌리를 두고 있습니다. 우리는 핵전쟁 개시의 윤리적 책임이 합리적인 정치 목표에 따라 정당화될 수 없다는 것을 확인했습니다.

153. 이 결론은 핵전쟁을 개시하려는 의지는 분명하고도 무거운 윤리적 책임을 수반한다는 것을 확인시켜줍니다. 여기에는 1945년 이후 만들어진 깨지기 쉬운 정치적, 심리적, 윤리적 장벽의 선을 넘어서는 것을 포함합니다. 우리는 이 서한에서 아무리 선제 사용을 제한하더라도 핵무기 공격을 주고받는 일을 통제 할 수 있다는 생각에 대해 매우 회의적이라는 입장을 거듭 밝힙니다. 바로 이 회의론 때문에, 우리는 재래식 공격을 핵무기로 대항하려는 의지를 윤리적으로 정당화할 수 없다고 판단합니다.[69] 결과적으로 우리는 어떤 형태로든 핵무기 사용을 반대하는 장벽을 강화하려 합니다. 우리가 '선제 사용 금지' 정책을 지지하는 것을 이런 관점에서 이해해야 합니다.

154. 동시에 우리는 재래식 무기 또는 핵무기 공격에서 자국을 방어하려는 동맹국들을 지원할, 미국이 가지고 있었고 지금도 가지고 있는 책임을 인정합니다. 핵무기 소유와 배치가 엄격한 제한 대상이어야 하지만 핵 공격을 억제하기 위해서는, 특히 유럽 지역에서는 당분간은 핵무기가 필요할 수 있습니다.

155. 유럽에서 재래식 공격을 억제하기 위해서는 핵무기 의존을 피하기 위한 적절하고 대체 가능한 방어 수단을 개발해야하는

정치적, 윤리적 부담이 따릅니다. 이 문제에 대해 오늘날 정치적 분열 상황에서는 불가능할 것 같은 최선의 노력을 다하더라도 대체 가능한 방어 수단을 개발하는 데 여전히 시간이 더 걸릴 것입니다.

156. 그 사이 재래식 공격에 대한 억제는 두 가지 요인을 고려해야 합니다. NATO가 독자적으로 동원할 수 있는 무시할 수 없는 규모의 재래식 전력과 대규모 재래식 전쟁이 우연한 사고나 양측의 오산으로 핵전쟁으로 이어질 수 있게 만드는 잠재적 공격 주체를 인정하는 것입니다. 우리는 NATO가 '우선 사용 금지' 서약 채택을 거부하는 것이 어느 정도 이 억제 효과가 갖는 내재적 모호성과 관련이 있다는 것을 알고 있습니다. 그럼에도 핵전쟁 개시가 초래할 결과들에 비추어 우리는 NATO가 '우선 사용 금지' 정책을 빨리 채택하고 동시에 적절한 대체 방어 수단을 개발하도록 촉구합니다.

3. 제한 핵전쟁

157. 우리의 첫 두 결론에 동의하면서도 '제한적 대응'이라 불리는 핵무기의 보복적 사용을 확신하기 어려울 수 있습니다. 문제

는 '상호 제한적으로 핵무기를 사용'할 것이라는 이론적 가능성이 실제와 정반대라는 것입니다.

158. 우리는 이 질문에 대해 정책 토론으로는 결론이 날 수 없고, 모든 토론 참가자들이 나타날 수 있는 반응에 대해 가설적 예측을 하고 있다는 점도 인정합니다. 전문적인 논의를 판단하지 않는 선에서, 우리는 '제한'의 의미를 명료화하는 일련의 질문을 해보려 합니다.

 a) 지도자들이 핵 공격을 주고받을 때 일어나는 일에 대해 충분한 정보를 제공받을 수 있는가?
 b) 그들이 이 핵 공격을 주고받는 일이 기술적으로 가능할 때, 이를 지속적으로 제한하는 데 필요한 매우 정확한 결정을 스트레스, 시간 압박, 단편적 정보가 주어지는 상황에서 내릴 수 있는가?
 c) 군대 사령관들이 핵 공격을 주고받으면서 일어나는 파괴와 혼돈 상황에서 '선별적 목표 설정' 정책을 유지할 수 있는가? 항공기와 미사일로 상당한 거리를 넘나들 수 있는 현대전에서 이것이 가능한가?
 d) 이미 평시 조건에서 일어난 사건들을 고려해볼 때, 핵

공격을 주고받는 중에 컴퓨터 오류를 피할 보증된 방법은 있는가?

e) 전략가들이 '제한' 전쟁으로 정의하는 전쟁에서 조차 사상자들이 수백만에 달하지 않는가?

f) 방사선, 기근, 사회적 분열과 경제적 혼란의 장기적 영향을 얼마나 '제한'할 수 있는가?

159. 이 질문들에 대해 만족스러운 답을 들을 수 없는 이상, 우리는 '제한적'이라는 말의 진정한 의미에 대해 상당히 회의적인 태도를 유지할 수밖에 없습니다. 정당한 전쟁 전통의 판별기준 가운데 하나는 성공적으로 정의와 평화를 실현할 수 있다는 합리적 희망입니다. 우리는 일단 핵 공격을 한 번씩 주고받은 후에도 그런 합리적인 희망을 가질 수 있는지 질문해 보아야 합니다. 의미 있는 제한이 가능하다고 주장하는 사람들은 이를 증명해보여야 할 것입니다.

160. 재래식 공격이나 핵 공격에 대해 핵으로 대응하는 것은 '정당방위'를 훨씬 뛰어넘는 파괴를 초래할 수 있습니다. 이런 핵무기 사용은 정당화될 수 없습니다.

161. 우리는 수백만의 인간 생명과 관련된 문제에 대한 이 두렵고도 추측에 근거한 논쟁에 직면하기 위한 윤리적 판단에 가장 효과적으로 기여할 수 있는 방법이 경험적 논쟁을 평가할 수 있는 관점을 소개하는 것이라 믿습니다. 윤리적 관점은 질문의 양적 차원뿐 아니라 심리적, 인간적, 종교적 특성도 민감하게 다루어야 합니다. 제한전 문제는 단순히 고려하는 무기의 크기나 계획하는 전략에 관련된 것이 아닙니다. 관련 논쟁에는 어떤 형태로든 재래식에서 핵으로 경계를 넘어가는 심리적, 정치적 중요성에 대한 논의를 다루어야 합니다. 이 경계를 넘는다는 것은 우리가 통제해본 경험이 없고, 가능성을 반박하는 증언들이 많아 인류 사회를 이런 위험에 빠뜨리는 것을 윤리적으로 정당화할 수 없는 세상에 들어간다는 것을 뜻합니다.[70] 그러므로 우리는 우리의 첫 번째 책무는 어떤 경우에도 핵무기를 사용하지 못하도록 막는 일과 지도자들이 핵전쟁을 제한할 수 있고, 억제할 수 있으며, 또는 전통적인 의미의 이겼다는 생각을 거스를 수 있기를 희망하는 것입니다.

D. 억지력의 원칙과 실제

162. 핵무기가 제기한 윤리 문제는 핵무기를 사용할 수 있는 방법에 대한 분석으로 끝나지 않습니다. 핵 시대의 많은 정치, 윤리

논쟁은 억지 전략과 관련이 있습니다. 억지력은 미소 관계의 중심에 있고, 현재는 핵무기 경쟁에서 가장 위험한 차원입니다.

1. 억지(抑止) 정책의 개념과 발달

163. 억지 개념은 핵 시대 훨씬 이전에 군사 전략으로서 존재했지만, 1945년 이래 새로운 의미와 중요성을 갖게 되었습니다. 본질적으로, 억지력은 '용인할 수 없는 보복 피해의 위협을 통해 공격 또는 갈등을 일으킬 수 있는 잠재적인 적을 설득하는 것'을 뜻합니다.[71] 이 핵 시대에서 억지력은 미국과 소련 정책의 중심이 되었습니다. 두 초강대국은 수년 동안 '용인할 수 없는 피해'를 입힐 수 있는 보복 대응을 장담할 수 있었습니다. 안정적 억지력을 행사하는 상황은 양측이 보복 공격에 취약하지 않은 방법으로 배치하는 능력(예: 선제공격으로부터의 보호)에 달려 있습니다. 안정을 유지하기 위해서는 양측 모두 선제공격 능력을 가진 것으로 보이는 무기 배치를 자제할 의지가 필요합니다.

164. 억지력에 대한 이런 일반적 정의는 억지력 전략의 요소나 1945년 이후 억지력 정책의 진화를 설명해주지 못합니다. 이런 주제를 자세히 설명하기 위해서는 억지력을 주제로 한 풍부한 기

술 문헌에서 찾을 수 있는 자료들을 사용한 많은 글이 필요할 것입니다.[72] 특히 '선언 정책'(우리의 전략적 의도와 능력에 대한 공개적 설명)과 '행동 정책'(핵 공격 이후의 실제 계획과 표적 설정 정책) 사이의 관계는 중요합니다.

165. 억지력 전략은 여러 단계의 선언 정책을 거쳐 진화했습니다. 미국의 사례를 예로 들면, '대규모 보복'과 '유연한 대응' 사이, '상호 확증 파괴'[4]와 '상쇄 전략'[5] 사이에는 상당한 차이가 있습니다. '핵 무력 시설 표적'과 '시설 관련 지역 표적' 정책을 구분하는 것도 가능합니다. '최소 억제'와 '확장 억제'의 태도를 대비시킬 수 있습니다. 이 용어들은 핵 정책에 대한 전문적인 논쟁에서 자주 사용됩니다. 대중 토론에서 이 용어들은 잘 사용되지 않고, 때로는 더 광범위한 의미로 사용됩니다. 선언 정책의 실질적 변화에도

---

4 역자 주 : 상호 확증 파괴 전략(mutual assured destruction, MAD)은 적이 핵공격을 가할 경우 남아 있는 핵전력으로 상대편을 전멸시키는 보복 전략으로, 적국의 핵무기 선제공격을 단념시키기 위한 전략을 말합니다. 1960년대 미국의 아이젠하워 대통령이 채택했으며, 냉전시대 미·소 간 핵전쟁을 억제하는 데 중요한 역할을 했습니다. 그러나 2001년 부시 대통령은 보다 적극적인 핵무기 사용 의지를 천명하는 등 새로운 핵 원칙을 내세웠습니다.

5 역자 주 : 상쇄 전략(countervailing strategy)은 전면적인 핵전쟁이 일어나면 미국과 소련 모두 군사목표, 정치중추, 공업시설, 교통시설 등의 대부분이 파괴되어 상호 자살행위가 된다는 것을 실증하는 전략을 말합니다. 1980년 8월 카터 미국 대통령의 명령 제59호로 정식 채택되었고, 1980년대 미국의 기본 핵전략으로 레이건 행정부에 인계되었습니다.

불구하고 미국의 행동 정책에는 상당한 연속성이 있음을 인식하는 것이 중요합니다.[73]

166. 억지력과 정책의 진화에서 이런 다른 요소들을 인식하는 것은 억지력에 대한 윤리적 평가가 일련의 명확한 판단을 요구한다는 것을 의미합니다. 이는 억지력의 실제 특징 분석(예: 표적 설정 원칙에 관련된 것), **정책의 역사적 전개** 분석(예: 정책의 윤리적 분석에 중요한 변화가 일어났는지에 대한 것), 억지력 정책과 기타 미-소 문제의 다른 측면과의 관계, 억지력 정책과 관련된 주요 윤리적 질문들의 결정을 포함합니다.

2. 억지력에 대한 윤리적 평가

167. 핵 억지력에 대한 많은 성찰이 이루어진 결과, 정책 입안자들과 전략가들은 핵 억지력의 두드러진 새로운 측면을 인정했습니다. 마찬가지로 핵 억지력으로 인해 제기된 윤리적 과제도 신중하게 숙고한 뒤에야 파악할 수 있었습니다. 제2차 바티칸 공의회는 핵 억지력으로 야기된 윤리적, 정치적 모순을 간결하게 언급했습니다.

과학 무기는 오로지 전시에 사용할 목적으로만 비축하지 않는다. 각국의 방위력은 적에 대한 신속한 반격 능력에 달려 있다고 여기므로, 해마다 증대되는 이런 무기 비축은, 비정상적인 방법이기는 하지만, 혹시 있을지 모르는 적의 도발을 억제하는 데에 기여한다. 많은 사람들은 지금 이것이 어느 정도 국제 평화를 유지할 수 있는 모든 수단 가운데에서 가장 효과적인 것이라고 여긴다. 전쟁 억지책이 어떠하든, 상당히 많은 국가들이 보호책으로 삼는 군비 경쟁은 평화를 확고히 유지하는 안전한 길이 아니며 또 거기에서 이루어지는 이른바 균형도 확실하고 진실한 평화가 아니라는 확신을 모든 사람이 가져야 한다. 군비 경쟁으로 전쟁의 원인들이 제거되기는커녕 오히려 점차 증대될 수밖에 없다. 언제나 신무기의 군비에 엄청난 재화를 소모하고 있는 동안에는 오늘날 전 세계의 수많은 불행에 대한 충분한 해결책이 마련될 수 없다. 국제 분쟁이 진정 근본적으로 해소되지 않을뿐더러 오히려 세계의 다른 지역으로 번져 가고 있다. 이런 걸림돌을 없애고 짓누르는 불안에서 세계를 해방시켜 참 평화를 회복할 수 있도록, 정신 개혁에서 시작되는 새로운 길을 선택하여야 한다.[74]

168. 공의회는 억지력에 대해 구체적인 윤리 판단은 내리지 않고, 군비 경쟁의 요소를 다음과 같이 분명하게 지적하였습니다. 그것은 억지력으로 지속된 '거짓 평화'와 안정된 국제 사회에 필요한 '참 평화' 사이의 긴장, 파괴 능력을 키우기 사용하는 돈과 건설적인 발전을 위해 필요한 것 사이의 모순입니다.

169. 전쟁과 평화, 특히 억지력에 대한 공의회 후속 평가 때 가톨릭교회와 시민 사회 내의 다양한 정당들은 정치-윤리 논쟁에서 문제의 한 측면 또는 다른 측면에 초점을 맞추었습니다. 어떤 사람들은 1945년 이후 핵무기가 사용되지 않았다는 사실이 억지력이 유효했다는 것을 뜻하고, 이것이 정치적, 윤리적 질서를 충분히 따른 것이라 봅니다. 어떤 사람들은 억지력에 지속적으로 의존하는 데서 오는 실패 위험을 강조하고, 단 한 번의 실패가 얼마나 정치적, 윤리적 재앙이 될 수 있는지를 들어 이 평가에 이의를 제기합니다. 또 어떤 사람들은 핵전쟁이 없었다는 사실이 억지력 정책이 작동했다는 근거가 되지 않는다는 점을 지적합니다. 실제로 일부는 억지력 정책에서 초강대국 군비 경쟁의 근거를 찾습니다. 하지만 대다수가 가톨릭 윤리를 따르는 다른 관찰자들은 억지력이 도덕적으로 민간인 또는 비전투원을 구별하면서 공격하려는 의도를 포함하지 않을 수 있다는 점을 강조했습니다.

170. 지난 몇 년간 가톨릭주교전국회의(NCCB)와 미국가톨릭회의(USCC)의 입장은 억지력에 대한 보다 넓은 윤리 논쟁에 반영되었고 또 기여도 했습니다. 1976년 "예수 그리스도 안에 살기"라는 가톨릭주교전국회의 사목 서한에서, 우리는 강력한 무기 통제 수단을 요구하면서 선언 정책의 윤리적 한계에 초점을 맞추었습니다.[75] 1979년 존 크롤 추기경은 미국가톨릭회의를 대변하여 SALT II 비준을 지지하면서 억지력 문제의 다른 요소에 초점을 맞추었습니다. 1945년 이래 핵무기가 실제 사용되는 일은 없었지만(윤리적 선), 혹시라도 있을 수 있는 핵전쟁의 결과로 나타나는 실패, 물리적 피해, 그리고 윤리적 악은 남아 있습니다. "이것이 가톨릭교회의 핵 억지력에 대한 불만과 가톨릭교회의 핵무기 경쟁을 전환하도록 요구하는 것이 시급함을 설명하며", "협상이 의미 있고 지속적인 핵 비축량의 감소로 이어지고, 결과적으로 핵 억지력과 상호 확증 파괴의 위험을 없애는 것이 가장 중요하다"고 말했습니다.[76]

171. 이 두 글은 공의회 발표와 더불어, 최근 핵 문제에 대해 언급한 가톨릭교회의 입장에 많은 영향을 미쳤습니다.

172. 1982년 6월 요한 바오로 2세 교황은 제2차 UN 군축 특별

총회 연설에서 군축에 관한 윤리적 분석에 새로운 자극과 통찰을 제시했습니다. 교황은 처음으로 세계 정치의 맥락에서 억지력 문제를 다루었습니다. 전쟁을 개시하기를 바라는 세력은 없지만, 서로를 불신하고 강력한 방어책을 마련할 필요가 있다고 생각하는 것 같다고 말했습니다. 교황은 억지력의 개념에 대해 다음과 같이 말했습니다.

> 많은 사람은 그런 준비가 어떤 측면에서는 평화를 수호하거나, 적어도 전쟁의 발발, 특히 인류의 대 말살과 인류가 수 세기 동안 힘들게 건설한 문명의 파괴를 초래할 수 있는 주요 갈등을 최대한 효과적으로 저지할 수 있는 하나의 방법, 심지어 유일한 방법이라 보기도 합니다.
>
> 이런 접근법에서 우리는 고대 로마의 원칙에서 선포된 "**평화를 원한다면 전쟁을 준비하라**"는 '평화 철학'을 볼 수 있습니다. 현대 용어로 바꾸어 말하면 이 '철학'은 '억지력'의 이름표를 달고 있으며, 우리는 종종 '힘의 균형'을 찾는 행위라고 불리는, 타당하게 '공포의 균형'이라 할 수 있는 다양한 형태에서 이를 알 수 있습니다.[77]

173. 이런 일반적인 억지력 개념에 대한 의견을 설명한 후, 교

황은 군축, 특히 핵 군축에 관심을 표명했습니다. 교황 요한 바오로 2세는 억지력의 윤리성에 대해 다음과 같이 말했습니다.

> 현재 상황에서 균형을 기반으로 한 '억지력'은 그 자체로 끝이 아니라, 진보적 군축으로 나아가는 단계로서 여전히 윤리적으로 수용 가능한 것으로 여겨질 수 있습니다. 그럼에도 불구하고 평화를 보장하기 위해서는 실제 폭발할 위험에 취약한 최소한의 조치에 만족하지 않는 것이 필수적입니다.[78]

174. 요한 바오로 2세 교황의 평가를 통해 우리는 두 가지 차원의 현대 억지력의 딜레마를 확인했습니다. 한 차원은 핵전쟁 위험이 가져올 인간과 윤리의 희생입니다. 핵무기 보유, 군비 경쟁의 계속적인 양적 증가와 핵 확산 위험은 모두 억지력에 기대어 '일종의 평화'를 실현하려는 시도의 커다란 위험을 지적합니다. 다른 차원은 작은 국가의 독립과 존엄을 보호할 필요성을 포함하는 주권 국가와 그 국가의 국민들의 자유와 독립입니다. 억지력은 국제 정치의 극단적 불신을 반영하고 있습니다. 이는 요한 23세 교황이 『지상의 평화』에서 주요 문제로 인식하고, 바오로 6세 교황과 요한 바오로 2세 교황도 재확인한 사실입니다. 양측 모두가 우월한 지위에 이르지 못하게 하는 세력 균형은 두 차원을 모두 보장하는

수단이라 할 수 있습니다.

175. 오늘날의 윤리적 의무는 핵전쟁이 발생하는 것을 막고 개인의 존엄과 국가의 존엄을 지키는 데 필요한 정의, 자유, 독립의 주요 가치를 수호하는 것입니다. 요한 바오로 2세 교황은 이런 문제를 언급하면서, 억지력은 여전히 윤리적으로 수용 가능하지만, '정확히는 그 자체로 끝이 아니라, 점진적 군축으로 이행하는 단계로' 가능하다고 판단했습니다.

176. 교황은 국가 간의 억제력 관계의 취약성과 복잡성에 대한 인식에 대해 여러 번 말했습니다. 1980년 6월 유네스코 연설에서 다음과 같이 말했습니다.

> 지금까지 우리는 핵무기가 대규모 전쟁의 발발을 막는 힘이라고 설득당해 왔습니다. 그리고 그것은 아마 사실일 것입니다. 하지만, 우리는 항상 이런 방식이어야 하는지에 대해 물어야 합니다.[79]

비교적 최근인 1982년 8월 23일 국제 과학자 회의에서 요한 바오로 2세 교황은 더 구체적으로 평가했습니다.

여러분은 핵 억지력의 논리가 국제 평화 보장을 위한 최종 목표나 적절하고 안전한 수단이라 여겨질 수 없다는 것을 더욱 쉽게 확신할 수 있을 것입니다.[80]

177. 요한 바오로 2세 교황의 일반적 의견을 미국의 억지력 정책과 연결하기 위해서는 윤리 원칙의 적용과 사실에 대한 판단이 모두 필요합니다. 우리는 이 사목 서한을 준비하면서 여러 방법을 통해 미국의 억지력 전략의 실제 속성을 가능한 한 정확히 판단하려 노력했습니다. 우리는 다음 두 가지 문제에 특별히 관심을 가졌습니다. 1) 억지력 실행을 위한 표적 설정 원칙과 전략 계획, 특히 민간인 사상에 관련된 영향과 2) 억지력 전략과 핵전쟁을 실제로 방지할 수 있는 가능성과 관련된 핵전쟁 수행 능력입니다.

윤리 원리와 정책적 선택

178. 표적 설정 원칙은 핵무기를 사용할 경우 어떤 일이 일어날지 결정하는 요소이기 때문에 중요한 윤리 문제를 제기합니다. 우리는 억지력의 필요성을 인정하지만, 모든 형태의 억지력이 윤리적으로 허용되는 것은 아닙니다. 억지력 정책과 사용에 관한 정책

에는 윤리적 제한이 있습니다. 특히, 핵전쟁 억제 전략의 일환으로 무고한 사람을 죽이려는 의도는 윤리적으로 용인할 수 없습니다. 미국의 정책이 민간 지역을(직접적으로 민간인을 겨냥하는) 공격하려는 의도를 가지고 있는가에 대한 문제는 우리의 실제 관심사 중 하나였습니다.

179. 이 까다로운 질문은 항상 공식적, 비공식적으로 다양한 반응을 불러 일으켰습니다. 가톨릭주교전국회의 위원회는 미국 정부 관리들로부터 정책을 설명하는 일련의 해명문을 받았습니다.[81] 본질적으로 이 문건들은 미국의 전략 정책은 흔히 말하는 그런 소련의 민간인을 대상으로 하지 않으며 핵무기를 민간 지역을 파괴하려는 목적으로 사용하지 않겠다고 선언했습니다. 이 문건들은 적어도 원리적으로는 억지력 정책을 평가하는 재래식 무기나 핵무기를 사용한 비전투원 직접 공격 면책이라는 하나의 기준은 충족시킵니다.

180. 이 설명은 또 다른 매우 고질적 윤리 문제, 즉 군사 표적 공격이나 주요 군사 산업 시설이 '간접적'(즉, 의도하지 않은)이지만 대량 민간인 사상자 발생과 관련될 수 있다는 문제를 다루거나 해결하지 않습니다. 우리는 미국의 전략적 핵 표적 설정 계획(또는

단일통합작전계획, Single Integrated Operational Plan (SIOP))이 모스크바시 한 군데서만 60개의 '군사' 표적을 설정하고, 소련 전체에 핵무기로 타격할 40,000개의 '군사' 표적이 설정되어 있다는 사실에 대해 들었습니다.[82] 소련의 정책도 동일한 윤리 판단의 대상이라는 점을 인식해야 합니다. 미국의 여러 '산업 표적'이나 정치적으로 중요한 표적 공격은 대량의 민간인 사상자를 낼 수 있습니다. 이런 공격으로 죽게 될 민간인의 숫자는 끔찍할 정도로 많습니다.[83] 이는 현대 군사 시설과 생산 시설이 민간인 주거 지역과 민간인 업무지역에 촘촘히 분산되어 있어 피할 수 없는 문제입니다. 한쪽이 의도적으로 군사 표적을 민간 지역 중심에 두게 되면 상황은 더 악화됩니다. 행정 관리들은 우리와 논의하면서 핵공격을 주고받는 일을 계속 제한할 수 있기를 바라면서도, 필요한 경우 대규모로 보복할 준비가 되어 있음을 순순히 인정했습니다. 그들은 일단 상당수의 무기를 사용한 후에는 짧은 시간 내에 민간인 사상자 숫자가 진정 재앙적 수준에 이를 것이며, 공격이 '군사' 표적으로 제한될 경우에도 상당한 양의 핵 공격을 주고받은 이후 발생하는 사망자 숫자가 민간인 지역이 의도적이고 직접적으로 공격받았을 때 발생할 수 있는 사망자 숫자와 차이가 없을 것이라는 점에 대해 동의했습니다. 이런 가능성은 비례성 원칙이라는 윤리적 기준으로 판단해야 하는 또 다른 윤리 문제를 제기합니다.

181. 비례성에 대한 판단은 다양한 평가 방식을 따를 수 있지만, 불균형적이라고 결정적으로 판단할 수 있는 행위들이 있습니다. 정책의 한 범주인 좁은 의미의 비전투원 면책 원리만 준수하는 것은 일부 악하고 용인할 수 없는 결과를 무시하는 부적절한 윤리적 태도입니다. 그러므로 우리는 민간인을 직접 공격할 의도가 없다는 주장 또는 이를 실현하기 위해 최대한 정직하게 노력하는 경우에도, 이것만을 핵사용 '윤리 정책'으로 적용하는 데 만족할 수 없습니다.

182. 대량으로 민간인 사상자를 낼 수 있는 인구 밀집 지역이나 방사능 낙진의 영향을 받는 지역 내 산업적 또는 군사적으로 중요한 표적의 위치는, 우리 판단으로는 이런 공격이 의도적으로 무차별적이지 않더라도 윤리적으로 비례성을 띤다고 볼 수 없습니다.

183. 이는 단순히 한 번의 폭발로 민간인 사상자를 최소화할 수 있는 대단히 정교한 무기를 생산하는 것으로 해결될 수 있는 문제가 아닙니다. 많은 무기가, 심지어 '표적 식별이 가능한' 무기들조차도 민간인 희생자 숫자를 상당히 늘릴 가능성이 있습니다. 이 민간인 희생은 즉각 일어날 뿐 아니라, 사회적, 경제적으로 황폐

화되는 장기적 영향으로도 이어질 수 있습니다.

184. 우리가 우려하는 두 번째 문제는 억지 원칙과 전투 전략의 관계입니다. 우리는 특히 확장 억제 전략에서 이야기하는, 전투 능력이 억제력의 신뢰도를 높인다는 주장을 알고 있습니다. 그러나 그런 능력을 개발하는 것은 다른 전략적, 윤리적 문제를 야기합니다. 전투 능력과 표적 설정 원칙의 관계는 이 분야의 정책에서 어려운 선택의 전형적 사례입니다. 민간 지역을 표적으로 설정하는 것은 그리스도교 전쟁 윤리의 주요 원리 중 하나인 차별 원리를 위반하는 것입니다. '무력 표적 설정'은 민간인 보호의 관점에서는 선호되어야 합니다. 하지만 이것이 종종 핵전쟁이 정확하고 합리적이고 윤리적 한계선을 넘지 않는다고 보는 선언 정책과 함께 등장한다는 점을 고려해야 합니다. 우리는 이미 그런 개념에 대해 심각한 의구심을 표명했습니다. 더욱이 분명한 핵무력 시설 표적 공격 전략은 다른 국가의 생존력을 위협하는 것으로 보일 수 있습니다. 이는 억제를 불안정하게 하여 위기와 전쟁 가능성을 높입니다.

185. 우리는 민간인을 보호하려는 모든 노력을 환영하지만 핵무기 사용을 막겠다는 구체적인 목적을 뛰어넘어 억지력을 확장

하려는 움직임이나 핵 공격으로 직접 이어질 수 있는 다른 행동을 정당화하거나 장려하고 싶지 않습니다.

186. 핵 억지력의 구체적 요소에 대한 이러한 고려는 요한 바오로 2세 교황의 평가에 따라 이뤄졌지만, 우리는 신중한 판단을 통해 적용하는 과정에서 핵 억지력을 엄격히 조건부로 허용하는 것으로 의견을 모았습니다. 우리는 억지력이 평화의 장기적 기반에 적절하다고 보지 않습니다.

187. 이 엄격한 조건부 판단은 억지력 전략 요소에 윤리적 평가를 할 수 있는 기준을 제공합니다. 이 기준은 우리가 억제력 강화라는 이름으로 모든 무기 체계, 전략 원칙, 정책 결정을 승인할 수 없음을 명확히 보여줍니다. 다른 한편으로 이런 기준은 우리 정부가 억지력과 관련하여 제안한 것에 대해 지속적인 공개 조사를 요구합니다.

188. 이런 기준에 따라 이제부터 몇 가지 구체적인 평가를 해보려 합니다.
1) 만일 핵 억지력이 타국의 핵무기 사용을 억제하기 위해서만 존재한다면, 이것을 넘어서는 반복적인 핵 공격과 반격

또는 핵전쟁에서 '우위'를 차지하려 하는 장기 계획은 허용되지 않습니다.

2) 만일 핵 억지력이 우리의 목표라면, '충분한' 억지력을 갖는 것이 적절한 전략입니다. 핵 우위 추구는 반드시 거부해야 합니다.

3) 핵 억지력은 점진적 군축을 위한 단계로써만 활용되어야 합니다. 우리의 전략 체계에 제안된 추가 사항이나 전략 독트린 변화는 그것이 반드시 '점진적 군축'을 향한 움직임인지, 아닌지를 고려하여 정확히 평가해야 합니다.

189. 또 이런 기준은 최근 미국 전략 정책 방향에 대한 판단과 권고를 할 수 있는 도구를 제공합니다. 핵 억지력에 의존하지 않는 세계로 나아가는 것은 반드시 신중해야 하지만 그런다고 지연시켜서는 안 됩니다. 핵무기 통제와 감축, 군축을 통해 진정한 평화로 나아가기 위한 틀로 우리가 아는 '나쁜 평화'를 사용하는 데는 긴급한 윤리적, 정치적 책임이 따릅니다. 이 과정에서 가장 중요한 것은 양측이 불안을 느끼는 무기 체계 개발과 배치를 방지하는 것입니다. 두 번째는 경고에 대해 실수로 예민한 도화선이 작동하여 자동 발사되지 않도록 더욱 정교한 명령과 통제 체제를 갖추는 것입니다. 세 번째는 국제체제 안에서 핵무기 확산을 방지하

는 것입니다.

190. 이런 일반적 판단기준들에 따라 우리는 현재 우리의 억지력에 대한 입장과 관련하여 몇 가지 구체적인 제안에 반대합니다.

1) 공격에 취약할 수 있지만, 상대측의 보복 무력을 취약하게 만드는 '즉각적인 핵무기 파괴' 능력을 가진 위협적 무기의 증가. 이런 무기는 대체로 선제공격을 할 때 유용한 것처럼 보입니다.[84] 우리는 미군을 선제공격할 것이라는 공포를 일으키는 이런 무기를 소련이 배치하는 것에 반대합니다.

2) 이 사목 서한에 기술된 제한적 억제 기능을 넘는 핵전쟁 능력을 추구하는 전략 계획을 수립하려는 의도

3) 핵 사용 임계치를 낮추고 핵과 재래식 무기의 차이를 흐리는 효과가 있는 제안

191. '충분' 개념을 따르는 적절한 억제력과 미국과 소련의 현재 전략 무기 규모와 구성을 고려하여, 우리는 다음과 같이 권고합니다.

1) 새로운 핵무기 체계의 실험, 생산, 배치를 중단하는 즉각적, 양자적, 입증 가능한 조약 지지[85]

2) 두 초강대국의 무력, 특히 안정을 깨트리는 속성이 있는 무

기들을 협상에 따라 양쪽 모두가 대폭 감축하는 것을 지지. START(전략적 무기 감축 대화)와 제네바 INF(중거리 핵무력) 협약과 같은 미국의 제안을 대폭 감축 달성을 목적으로 하는 계획이라고 할 수 있습니다.[86] 우리는 이 목표를 달성할 수 있는 방식으로 이 협상들이 이루어지기를 희망합니다.

3) 포괄적 실험 금지 조약을 위한 협상의 조기, 성공적 타결 지지
4) 억제력 가치에 불균형적 위험성을 크게 높이는 단거리 핵무기를 모든 당사자들이 직접 제거
5) 전쟁 초기에 핵무기를 지나치게 사용하기 쉬운, 즉 과격하고 통제 불가능한 핵무기 사용을 강요당할 수 있는 지역의 핵무기를 모든 당사자가 직접 제거
6) 핵무기의 우연한 또는 승인되지 않은 사용을 방지하기 위한 명령과 통제 강화

192. 이런 판단은 억지력에 대해 분명하게 규탄하지 않을 때 억지력에 기인한 역할들을 인정하려는 시도일 뿐, 위에서 논의한 제한된 목적을 넘어 그 확산을 지지하지 않는 전형적 사례임을 보여주기 위한 것입니다. 일부는 우리에게 핵 억지력의 모든 부분을 단죄하라고 촉구했습니다. 이런 촉구는 여러 가지 이유에 기반을 두고 있지만, 특히 핵무기를 의도적으로 사용하거나 우발적 폭발

이 가져올 수 있는 일종의 허용 가능한 윤리 목적에도 완전히 부합하지 않는 것으로 순식간에 빠르게 확대될 수 있는 높고 끔찍한 위험성을 강조했습니다. 이 결정은 가상의 사건에 대한 높은 기술 수준을 가진 판단을 요구합니다. 억지력을 위해 핵무기에 의존하는 것을 규탄하도록 설득할 수 있는 여러 가지 이유가 있지만, 우리는 이 사목 서한에서 정리한 이유로 아직 결론을 내리지 못했습니다.

193. 그럼에도 윤리적 허용 가능성이나 모든 핵무기 사용에 대한 우리의 깊은 회의론에 대한 오해는 없어야 합니다. 선별의 원칙을 위반하는 모든 무기 사용은 분명히 단죄되어야 합니다. 우리는 어떤 무기들이 순전히 군사 목표물에 대한 '반격'을 목적으로 개발되었다는 이야기를 들었습니다. 그러나 윤리 문제는 무기 설계 방식이나 체계적인 목적으로 해결되지 않습니다. 결과 또한 평가해야 합니다. 백만 명의 무고한 사람들을 우연히 '군사적으로 중요한 표적' 근처에 살았다는 이유로 '간접'으로나 '의도치 않게' 살상하는 무기를 사용하는 것을 정당화하려는 시도는 전도된 정략이거나 윤리적 궤변일 것입니다.

194. 핵전쟁 개시의 '간접적 영향'만으로도 어떤 형태로도 정당

화될 수 없는 윤리적 위험이 되기에 충분합니다. 예를 들어, '우리' 편이 '제한적' 또는 '차별적' 사용을 하는 것으로는 충분하지 않습니다. 현대 전쟁은 좋은 의도나 기술 설계로 쉽게 억제할 수 없습니다. '핵'이라는 용어를 언급하는 것은 전 세계의 심리적 불안을 조성합니다. 많은 사람이 전술 핵무기 하나만 사용하는 것으로도 완전히 예측할 수 없는 결과 때문에 공황이 올 것이라고 주장합니다. 정치적, 심리적, 기술적 불확실성의 혼합이 우리가 이 사목 서한에 핵무기 문제 해결을 가로막는 정치적 장벽에 대한 윤리적 금지와 처방을 강화하도록 이끌었습니다. 명령과 통제 시설 강화, 전략과 전술 핵 무력의 대폭 감축, 이 서한에 명시된 '우선 사용 금지' 정책에 대한 지지는 핵전쟁에 반대하는 윤리적 기준을 마련하려는 바람을 채우기 위한 것입니다.

195. 윤리적으로 수용할 수 있는 억지력 정책을 추구해야 한다는 모든 정부의 주장을 최대한 주의를 기울여 검토해야 합니다. 우리는 미국에서 현재 진행되고 있는 윤리적 기반에 대한 대중 토론에 참여할 준비가 돼 있고 열의도 있습니다.

196. 미국의 억지력 정책을 재고하고 핵전쟁 발생 가능성을 줄이기 위해, 더 안정적인 국내, 국제 안보체제로 이행해가기 위해

서는 상당한 지적, 정치적, 윤리적 노력이 필요할 것입니다. 또한 우리는 정치적 견해 차이와 핵무기의 존재에도 불구하고 국제 사회에 존재하는 공통의 인간성과 상호책임의 유대를 인정하도록 부르시는 하느님의 섭리적 보살핌, 권능, 말씀에 기꺼이 자신을 내맡길 수 있어야 한다고 믿습니다.

197. 실제로 우리는 미국 주교회의와 보다 넓은 범위의 가톨릭 공동체 안에, 오늘날의 군비 경쟁에 대해 억제 전략 사용이 적절한 대응이라는 주장에 도전하는 강한 목소리를 내는 사람들이 있음을 인정합니다. 그들은 사실상 억제가 군축의 대부분의 과정에 영향을 미치지 못했다는 역사적 사실을 확인시켜줍니다.

198. 이어 이들은 이 사목 서한에 제시된 핵 억지력의 조건부 수용조차 군비 경쟁 강화 정책을 강화하려는 사람들에게 부적절하게 이용될 수 있다는 사실에 대해 정당하게 문제를 제기합니다. 그리고 그들은 우리에게 신앙 공동체에 구약의 선지자처럼 도전하도록 요구합니다. 핵 억지력을 넘어, 실질적 양자 군축과 평화 구축을 위한 보다 단호한 조치를 취하도록 말입니다. 우리는 이 주장의 지적 배경과 우리에게 큰 힘을 실어주는 종교적 감수성을 인정합니다.

199. 핵 시대의 위험과 세계 안보, 안정, 정의에 더 적절한 체제로 나아가는 데 도사린 큰 어려움을 극복하기 위해서는 지금 우리의 안보 개념과 방어 정책을 뛰어넘는 행동이 필요합니다. 다음 장에서는 핵이 존재하는 세계에서 평화를 이룩할 수 있는 보다 적절한 정책 수립을 위해 취할 수 있는 구체적 행동 방안을 제안할 것입니다.

3장

평화의 증진 :
제안과 정책

200. 하느님 나라에 이르지 못한 이 세상에서는 우리 안에 있는 죄와 무질서가 개인의 행위과 사회 세력을 통해 드러납니다. 이런 세상에서 우리는 전쟁 폭력을 방지하고 전쟁 폭력의 범위를 좁히는데 계속 주의를 기울여야 합니다. 앞서 이런 과업에 대해 폭넓게 다루긴 했지만, 전쟁과 평화에 관한 가톨릭교회의 가르침 모두를 제시하진 못했습니다. 전쟁과 평화에 대한 교회의 가르침은 성경과 신학 그리고 금세기 교황의 가르침을 통해 발전해 왔는데, 평화 구축에 대하여는 단지 전쟁을 막는 방법 정도로만 다뤄 왔습니다. 요한 바오로 2세 교황은 코벤트리 대성당에서 행하신 강론을 통해 이런 전통적인 접근의 한계를 다음과 같이 다시 언급하였습니다.

> 평화는 단순히 전쟁의 부재가 아닙니다. 평화는 민족과 국가 간의 상호 존중과 신뢰가 포함되어야 하며, 협업과 구속력

있는 계약 또한 필요합니다. 평화는 마치 대성당과 같이 참을성 있게 그리고 흔들리지 않는 신앙으로 건설되어야 합니다.[87]

201. 이런 긍정적인 평화 구축 개념은 동시대 많은 사람들에게 큰 영향을 줍니다. 이 서한의 시작 부분에서 우리는 충분히 발전한 평화신학이 필요하다는 점을 확인하였습니다. 평화신학의 기초는 금세기 교황들의 가르침에서 찾을 수 있습니다. 여기에서는 가톨릭교회의 가르침에 담긴 평화에 대한 긍정적 전망이 우리 각자의 선택과 정책에 어떤 방향을 제시하는지 살펴보겠습니다.

A. 전쟁 위험을 줄이는 구체적 단계

202. 현대 전쟁의 위험은 구체적이며 가시적입니다. 그러므로 평화에 대한 가톨릭교회의 가르침도 구체적이어야 합니다. 상호 군축, 보류중인 조약이[88] 국회 비준으로 실행에 옮겨지고, 비폭력적인 대안 마련 등에 이르는 효과적인 군축 방법은 가톨릭 공동체와 선한 의지를 지닌 모든 이들에게 교회가 드리는 권고입니다. 이런 내용들이 외교정책에 반영되어야 합니다. 이 외교정책은 모든 국가의 시민들이 주장하는 바를 인정하고 존중할 수 있어야 합

니다. 모든 국가의 시민들이 주장하는 것은 우리가 소중히 여기는 양도할 수 없는 동등한 권리입니다. 또한 이 정책은 창조주께서 인류 공동체의 생존과 이익을 위해 이 세상의 모든 재화를 주셨다는 인식에 기초하여 국제적인 안전보장을 추구합니다. 우리는 누구나 지구에 살아가는 한 가족 공동체로서 인간으로서 누려야 할 기본 욕구를 가지고 있고, 재화에 대한 권리도 지니고 있다는 것이 오늘날 점점 더 중요해지고 있는 가톨릭교회 가르침의 근본 원리입니다. 상호 의존적인 이 세계에 사는 모든 이들이 자연을 공유하며 공통된 운명을 지니고 있다는 사실을 알아야 합니다. 이런 관점을 따라야 오늘날 평화를 추구할 때 취해야 할 정책 비전과 협상에 임하는 자세를 알 수 있습니다.

1. 군비 통제와 군축 과제의 가속화

203. 인류는 바룩 계획[6], SALT I, SALT II[7] 와 같이 핵전쟁 위험에 대응하기 위해 진지하게 노력해왔습니다. 하지만 이는 매우 한정돼있고 또 부분적입니다. 그럼에도 군비 통제와 군축 협상 노력은

---

6 역자 주 : 바룩 계획(Baruch Plan)은 1946년 6월 14일 국제연합원자력위원회에서 버나드 바룩(Bernard Baruch)이 발표한 원자력 국제 관리안입니다.

7 역자 주: SALT I은 미국과 소련 사이에 맺어진 제1차 전략 무기 제한 교섭(Strategic Arms Limitation Talks)을, SALT II는 두 번째로 맺어진 후속 교섭을 가리킵니다.

계속되어야 합니다. 요한 바오로 2세 교황은 1982년 UN 연설에서 이러한 노력이 중요하다는 것은 의심의 여지가 없는 사실이라고 천명하였습니다.

> 오늘 다시 한 번 여러분 앞에서 정의롭고 공평한 해결책에 이르는 협상의 진정한 힘에 대한 저의 확신을 확인했습니다.[89]

204. 이와 같은 맥락에서, 우리는 새로운 핵무기 개발, 생산, 실험, 배치를 중단하기 위한 협상을 촉구합니다. 핵무기 개발과 배치 종결 대책뿐 아니라, 기존에 있던 다른 핵무기의 숫자도 줄이는 방식으로 전쟁 위험을 낮춰야 합니다.

205. 군비 통제와 군축은 특히 미소 두 강대국 간 실효성 있는 협약을 통해 이루어져야 합니다. 우리는 '일방적 군축' 정책을 지지하진 않습니다. 하지만 군비 경쟁 당사국들이 어떤 방식으로든 군비 경쟁을 억제하기 위해 첫 걸음을 내딛으려는 의지를 보여야 한다고 생각합니다. 미국은 당면하고 있는 심각한 위험을 줄이고 소련 측의 건설적 반응을 이끌어내기 위해 이미 독자적으로 몇 번 중요한 선제 조치를 취해 왔습니다. 하지만 추가적인 조치가 더

필요합니다. 우리가 말하는 선제 조치는 소련이 우리와 비슷한 수준으로 대응할 수 있는 단계로 이끌기 위해, 일정 기간 동안 미국이 취해야 하는 특정 계획들을 가리킵니다. 만약 소련이 적절히 대응해오지 않을 경우 미국은 더 이상 자신이 취한 단계를 따를 필요가 없을 것입니다. 이전에 미국은 자유와 인권을 위해서라면 위험이 예상되더라도 감수해 왔습니다. 여기에는 핵전쟁의 심각한 위험을 줄이기 위한 시도도 포함됩니다.[90] 오늘날 세계가 핵의 속박에서 벗어나 핵을 억지하는 방향으로 나아가기 위해서는 어느정도 위험을 감수해야 합니다. 예컨대, 양측 모두 상대를 위협하는 무기 체계 개발을 막는 데 관심이 있는 경우라면 말입니다.

206. 공식 협정을 체결하지 않고도 무기 경쟁에 효과적으로 영향을 미친 몇몇 성공적인 선제 조치 사례들도 있습니다. 1963년, 케네디 대통령은 미국이 먼저 추가 핵 실험을 하지 않겠다고 발표했습니다. 그러자 바로 다음 달에 소련의 니키타 흐루쇼프 서기장이 제한 핵 실험 금지를 미국에 제안했습니다. 이는 결국 미소 간 부분 핵실험 금지 조약 체결로 이어지는 계기가 되었습니다. 그 결과로 두 강대국이 중부 유럽에서 약 일만 명의 병력을 철수했고, 핵 물질 생산 감축도 선언했습니다.

207. 가) 독자적으로 체결하는 군축 협정만으로 충분치 않아서, 군비 증강을 촉진하는 정치적 긴장을 줄이는 노력을 병행해야 합니다. 따라서 미국은 잠재적 적국 정부의 정치 참여를 극대화할 수 있는 정책을 계속 펴 나가야 하며 마찰을 빚는 부분에 대해 반복적이고 체계적으로 논의와 협상을 진행해야 합니다. 이런 정책은 일정한 주기로 열리는 정상 회담 같이 정부 내 여러 차원에서 신중하게 준비한 체계에 따라 실행해야 합니다. 이러한 논의 창구는 일부 강대국의 시혜적 조치나, 연일 변화하는 국제 정세에 좌우되는 일시적 사건 정도로 치부하기에는 너무나 중요한 일입니다.

208. 나) 핵 확산금지조약(Non-proliferation Treaty, 이하 NPT)은 "핵보유국이 자국의 핵무기 확산(수직적 핵 확산)을 통제하고 줄이려는 진지한 노력이 없었다면, 지금까지 해왔듯이 비핵보유국으로 핵무기가 확산(수평적 핵 확산)되는 것을 막는 게 불가능했을 것"이라는 점을 인정했습니다. 또한 NPT 6항에 따라 초강대국은 자국의 핵무기를 통제하고 감축하기 위해 진지하게 노력하겠다고 약속했지만, 불행히도 이 약속을 지키지 않고 있습니다. 더욱이 이 조약에서 제시한 다국적 통제는 에너지 생산용으로 핵분열 물질을 수출하는 국가들 탓에 점차 느슨해진 것으로 보입니다.

이런 상황이 지속되면, 조약이 갖는 상징적인 성과와 실질적인 효력도 잃어버리게 될 것입니다. 이런 이유에서 미국은 다른 핵 수출국들과 협력하여, 조약에 부수된 정책과 프로그램을 진지하게 재검토하고 조약문과 그 정신을 지지한다는 결의를 분명히 보여주어야 합니다.

2. 모든 전쟁 위험의 최소화를 위한 지속적 노력 강조

209. 핵전쟁 가능성을 줄이고 궁극적으로 핵전쟁을 종식시키는 것이 우선과제이지만, 이런 노력만으로 다른 형태의 전쟁 위협을 사라지게 할 수는 없습니다. 실제로 초강대국의 가용한 핵무기 감축 협상이 오히려 비(非)핵전쟁의 위험을 고조시킬 수 있습니다.

210. a) 때문에 우리는 재래식 군대를 축소, 제한하고, 군사적 충돌 발생 지역에 위치하여 적국이 될 수 있는 국가 간 신뢰 구축을 목표로 하는 협상을 강력하게 지지합니다. 또한 우리는 생화학무기 불법 생산과 사용 금지를 재차 확인하고 이를 준수할 것을 촉구합니다. 이에 더해, 군축 협상에서는 "재래식 분쟁이 전 세계가 피해야 할 핵 갈등을 촉발할" 가능성을 고려해야 할 것입니다.

211. b) 안타깝게도 핵 확산의 경우와 마찬가지로, 국제 무역 시장에서 재래식 무기에 대한 규제가 느슨해지는 것을 볼 수 있습니다. 주요 무기 공급 국가(특히 소련, 미국, 프랑스, 영국)에 의해 점점 더 정교해진 군용기, 미사일, 탱크, 대전차 무기, 대인용 폭탄과 기타 무기 체계의 판매가 전례 없이 높은 수준에 이르렀습니다.

212. 요한 바오로 2세 교황은 UN 연설에서 이 문제에 관해 구체적으로 언급했습니다.

> 전 세계적으로 재래식 무기의 생산과 판매가 놀랍도록 눈에 띄게 증가하고 있습니다. … 앞으로도 재래식 무기 거래의 증가율은 높아질 것으로 보이며, 대부분은 개발 도상국을 대상으로 할 것입니다.[91]

213. 지난 10년 동안 미국의 무기 판매 정책이 이런 추세에 크게 기여했다는 비극적인 사실이 교황을 개탄케 했습니다. 이제 우리는 이와 같은 흐름을 거스를 것을 촉구합니다. 미국은 무기 수출에 대한 다자간 통제 정책을 개발하는 데 필요한 초기 노력을 재개해야 하며, 이와 함께 무기 거래를 제한하기 위해 신중하게 고안한 선제 조치도 취해야 합니다. 이런 조치는 총체적으로 인권

침해가 극심하게 일어나고 있는 정부에 특히 유효할 것입니다.[92]

214. 국가는 군사력을 정당화하는 이해에 대해서는 아주 좁게 생각할 필요가 있습니다. 약소국을 보호하려는 목적이 아닌 다른 나라나 다른 민족의 영토를 정복하려는 시도는 정당방위가 아닙니다. 우리는 요한 바오로 2세 교황의 경고를 기억해야 합니다. "잠재적인 적의 위협을 주장할 때, 주도권을 잡기 위해 자국이 보유한 파괴적인 무기를 빌려 위협 수단을 유지하려는 의도가 아닌지 생각해야 합니다."[93] 무력 사용 정당성의 핵심은 "무력은 공격을 제지할 다른 모든 수단을 써 본 경우에만 최후의 수단으로 인정된다"는 것입니다. 마찬가지로 현대전의 시대에 무력 사용이 정당하기 위해서는 정당방위 또는 공격을 당하는 국가의 방위 목적에 한정된다는 인식이 중요합니다.

3. 핵과 재래식 방위의 관계

215. 우리 교회가 핵무기 사용, 특히 모든 형태의 핵전쟁을 반대한다는 강경한 입장을 취해 왔듯이, 재래식 방어의 조건들에 대해서도 명확한 입장을 밝히고자 합니다.

216. 핵 위협은 비핵무기와 비핵공격을 제어하거나 방어하기 위해 쓰여 왔습니다. 특히 NATO와 바르샤바 조약 기구 간 대립과 같은 상황입니다. 많은 분석가들은 핵 억지 위협이 없는 상황에서는, 미국이 동맹국을 보호하기 위해 더 많은 병력과 재래식(핵이 아닌) 무기가 필요할 것이라고 결론을 내립니다. 그러므로 일부 형태의 핵 억지력을 거부하려면 재래식 무력을 개발하는 데 더 많은 비용을 지불할 의지가 필요할 수도 있습니다. 특히 서유럽에서 핵 위협을 중단하면, 이웃 국가의 지도자와 국민들은 방어를 위해 아마 더 많은 비용을 지불해야 할지도 모릅니다. 특수한 상황에서는 이런 주장이 효력이 있는지 판단할 수 없지만, 재래식 국방력 강화는 핵전쟁의 가능성을 줄이기 위해 치러야 할 대가일 수 있습니다. 우리는 시급하고 절박한 인간의 기본 욕구조차 충족시키지 못하는 세상에 살고 있음에도, 매년 국방을 위해 막대한 양의 희소자원을 낭비하고 있다는 사실을 마지못해 인정합니다.

217. 정책과 예산 문제에 대한 정치 논쟁을 벌이려는 것이 아닙니다. 그러나 평화신학을 발전시키려는 의도로 이런 토론의 윤리적 차원에 기여할 의무가 있다고 생각합니다. 우리는 핵 억지력에 대한 의존도를 줄이고 재래식 무기 숫자도 크게 줄일 수 있기를 희망합니다. 최근의 전쟁(소위 소규모의 전쟁이나 국지전) 역사는 재

래식 전쟁도 타당한 이유 없이 무차별적으로 일어날 수 있음을 보여 줍니다. 우리는 어떤 식으로든 그 자체로 공포감을 불러일으키는 '재래식 전쟁으로 안전한 세상을 만들 수 있다'는 식의 주장을 환영하지 않습니다.

218. 따라서 핵무기 의존도를 낮추기 위한 프로그램들은 어느 것이든 긴장 완화 조치와 재래식 병력을 균형있게 감축하지 않고는 성공할 수 없다고 생각합니다. 이런 생각을 계속 적극적으로 밀고 나가면, 핵무기 감축에 반비례해 재래식 병력이 증강되는 것을 막을 수 있는 큰 기회가 반드시 있을 것이라 믿습니다. 상호 균형을 맞춰 병력을 감축하기 위해 벌이는 지속적인 협상, 전략 무기 협정으로 더 확실해지는 전망, 그리고 헬싱키 협약과 이행 검토 회의 결과에서 도출된 신뢰구축 조치에서 이런 예를 발견할 수 있습니다.

219. 그럼에도 불구하고 우리가 혼신의 힘을 다해 막아야 하는 것은 핵전쟁뿐 아니라 전쟁 그 자체라는 점도 거듭 강조해야 합니다.

오늘날, 핵무기 여부와 상관없이 현대전의 규모와 공포는 국가 간 합의점을 도출하기 어려운 수준에 이르렀습니다. 전쟁은 역사에 비극적인 과거로만 속해야 하며, 미래를 위한 인류의 지평에서는 더 이상 발붙일 곳이 없어야 합니다.[94]

이성과 경험은 우리에게 말합니다. 진정한 평화를 추구하는 대신, 재래식 무기라도 군비 증강 경쟁의 악순환이 무력 사용을 무제한적으로 늘이는 일과 만나면 전쟁이 일어나고 만다고 말입니다.

4. 민방위

220. 방사능 낙진과 방사능 피폭 대피소, 그리고 재배치 계획 같은 핵 공격에 대비하는 기존 민방위 프로그램에 주의를 기울여야 합니다. 대중들의 마음에는 이런 프로그램들이 어떤 형태의 핵 공격에서 자신들을 효과적으로 보호한다는 것인지, 또는 핵 공격에서 살아남을 수 있는 능력을 입증함으로써 전략적 핵 억지력의 신뢰성을 높이려는 의도인지 불분명합니다. 이런 불명료성이 대중들에게 회의를 불러일으키고, 프로그램에 대해 조롱하게 만들거나, 정부의 신뢰도에도 의구심을 품게 만듭니다. 그러므로 이 계획들이나 다른 계획들이 주민의 생존과 그들이 소중하게 여기는 가치들을 지키는 데 현실적으로 사용될 수 있는 것인지 판별하

기 위해서는 과학자, 기술자, 그리고 무기 전문가로 구성되는 독립 위원회가 필요합니다.

5. 갈등 해결에서 비폭력 수단을 개발하려는 노력

221. 우리는 국가, 국민과 국익을 보호하려는 국가의 권리를 지지합니다. 안보는 모든 사람에 부여된 권리지만 다른 모든 것과 마찬가지로 신법(神法)에 부응하고, 그 법이 정의하는 테두리 안에 있어야 합니다. 우리는 절멸의 위협에 휘둘리지 않고 국민들을 보호할 수 있는 수단을 찾아야 합니다. 절대 비윤리적 수단을 정당화해선 안 됩니다. 그 자체로 선한 목적을 가지고 있더라도 죄가 되는 행위와 정책은 결코 정당화해선 안 됩니다. 우리는 이 서한에서 우리의 주요 관심사가 전쟁과 핵 위협이라 했지만, 이런 원칙은 반란과 반란 진압, '국가의 안정을 해치는' 모든 형태의 폭력에도 적용됩니다.

222. a) 제2차 바티칸 공의회는 "권리 주장에서 폭력 행위를 거부하고, 또한 다른 사람이나 공동체의 권리와 의무를 침해하지 않는 가운데, 약자에게도 주어지는 방위 수단에 의지하는 사람들"[95]을 치하한다고 선언했습니다. 이와 같이 폭력 사용 포기를

실효성 있게 만들면서도, 여전히 방어할 것을 방어하기 위해서는 외교, 협상, 타협의 기술을 개발하고 이를 완전하게 실행해야 합니다. 지금보다 훨씬 더 많은 비폭력 저항 수단에 대한 연구와 고찰이 필요합니다. 사람들이 무기에 의존하지 않고 억압에 저항하여 성공한 모범적 사례들이 있습니다.[96] 비폭력은 나약한 사랑, 겁쟁이, 인내심 없는 사람들이 따르는 길이 아닙니다. 비폭력 운동은 역사상 나름의 자취를 남겨 왔지만 크게 알려진 적은 없습니다. 유대인들을 나치에 넘겨주지 않았던 용감한 덴마크인들과 학교에서 나치 선전을 하지 않았던 노르웨이 사람들이 비폭력 역사에서 발견할 수 있는 고무적인 사례입니다.

223. 전쟁과 마찬가지로, 비폭력 저항도 상황에 따라 다양한 형태를 취할 수 있습니다. 예를 들어, 안전 보장책의 일환으로 정부가 설립한 민간 방위 조직이 있습니다. 시민들은 침략군 또는 비민주주의적인 정부가 자신들의 의사를 강요하는 것을 막는 불복종, 비협조 기술에 대해 배우게 됩니다. 효과적으로 비폭력 저항을 하기 위해서는 시민의 단합된 의지가 필요하며, 전쟁과 전쟁 준비에서 그랬던 것처럼 인내와 희생이 필요합니다. 비폭력 저항이 항상 성공하는 것은 아닙니다. 그럼에도 비폭력이 비현실적이거나 실용적이지 않다고 가능성을 부정하기 전에 이를 대규모 전

쟁에서 일어날 법한 결과와 비교하여 비폭력 저항의 가능성을 평가해보아야 합니다.

224. b) 비폭력 저항에서는 "살인을 할 바에야 차라리 죽음을 선택하겠다는 관점까지 아우르는 그리스도교 평화주의"를 선택한 이들과 정당한 전쟁론에 따라 치명적인 무력 사용도 불사하겠다는 이들 사이의 타협점을 제공합니다. 비폭력 저항은 양측이 모두 국가안보라는 같은 목표를 달성할 수 있음을 분명히 밝힙니다.

225. c) 민방위 조직은 갈등 해결을 넘어 믿음과 가치를 근본적으로 통합함으로써 타협에 이르게 돕습니다. 실제 다른 피조물에 해를 가하거나 부상을 입히는 것을 피할 뿐 아니라, 보다 긍정적으로 다른 피조물의 이익을 추구합니다. 적이나 압제자의 공격을 약화시키는 것만으로는 충분하지 않습니다. 민방위의 목적은 적을 친구로 만드는 것입니다.

226. 이런 원칙들은 어느 정도는 그리스도교 가르침에서 비롯된 것이며, 이는 평화신학의 일부여야 합니다. 더불어 영성가들은 성경과 성전에 뿌리를 둔 비폭력 이론들을 찾아내고, 교부들과 박해시대의 비폭력 실천과 성공사례를 제시하는 데 도움을 주었습

니다. 예수 그리스도의 가르침과 삶은 우리에게 진리를 살아가는 모범을 보여주고, 악을 악으로 갚는 것을 거부하게 도와줍니다.

227. 비폭력적 민방위가 인명 피해를 막을 수 있을 것이라는 보장은 없지만, 일단 기존의 정책과 전쟁 전략의 모종의 결과가 인류의 미래에 실질적인 위협이 되리라는 것을 인식한다면, 실제적이고 영적인 믿음을 이유로 대안적 행동 방침을 진지하게 고려해야 할 것입니다.

228. d) 다시 한 번 우리는 전 세계인을 위한 진정한 방어는 오로지 핵전쟁과 핵전쟁으로 확대될 수 있는 재래식 전쟁을 거부하는 것이라 선언합니다. 요한 바오로 2세 교황의 말처럼, 우리 주교회의는 교육 기관과 연구기관들에게 평화 교육 내용을 개발할 것을 촉구합니다. "전쟁과 전쟁의 본질, 원인, 수단, 목표와 그 위험에 관한 과학적 연구는 우리에게 평화의 조건에 대해 많은 것을 가르쳐 주었습니다."[97] 이 목적을 달성하기 위해, 우리는 현재 군사비로 할당된 예산에서 일정 비율(단 0.1%일지라도)을 평화 교육을 지원하는데 사용해야 할 것입니다.

229. 1981년 미국 평화와 분쟁 해결 학술 위원회는 미국 평화

연구원 설립을 권고했습니다. 이 권고는 미국 헌법만큼이나 오래된 권고이기도 합니다. 위원회는 "평화는 평화 구축의 전문성을 기르기 위한 교육, 철저한 학제 간 연구, 실질적인 훈련을 하기에 적합한 학문 분야"라고 밝혔습니다.[98] 우리는 위원회의 권고를 인정하고 모든 시민들이 갈등 전환, 비폭력 저항, 평화를 위한 봉사와 교육 프로그램을 지지할 것을 촉구합니다. 이런 학술연구원은 평화 연구와 활동의 중심지가 될 뿐 아니라 한 국가의 국제 평화와 전쟁 폐지에 공헌하는 구체적인 증언의 사례가 될 것입니다. 우리는 미국의 대학교, 특히 가톨릭 대학교에서 평화운동을 이끌어갈 전문성을 지향하는 철저한 학제 간 연구, 교육, 실질적인 훈련 프로그램을 개발할 것을 촉구합니다.

230. 우리도 이런 목표를 달성하기 위해 각자의 역할을 수행할 준비를 해야 합니다. 우리는 교회와 교육 기관(초등 교육 기관부터 고등 교육 기관에 이르기까지) 자체 계획에 따라 위와 유사한 프로그램을 만드는 것을 권장합니다. 새로운 형태의 국제 협력과 교류를 모색하기 위해 군축에 대한 진정한 초국가적 관점을 장려하기 위해 군비 경쟁 상황을 파악하고 평가하는 데 최선의 노력을 다해야 합니다. 자멸 직전인 인류 문명을 위해 평화신학의 발전과 완성보다 더 큰 과제나 우선순위를 둘 과제는 없습니다. 이 서한

이 그런 노력을 위한 출발점이 되고, 또한 영감을 주는 것이 우리가 기도하며 바라는 바입니다.

6. 양심의 역할

231. 제2차 바티칸 공의회에서 나온 현대전에 대한 평가의 주요 특징은 올바른 양심 형성의 필요성을 강조하고 있다는 점입니다. 윤리 원칙이 정책에 반영되고, 사람들이 이를 실천할 때만 윤리 원칙은 권력을 실질적으로 제한할 수 있습니다. 그럼에도 현대전의 파멸적 속성 탓에 전쟁과 평화에 관한 국가 권력과 개인의 양심 사이의 관계가 새롭게 위기를 맞았습니다.

232. a) 이와 관련하여 우리는 1980년에 취했던 입장을 다시 천명합니다. 가톨릭교회의 가르침은 정부의 필요에 따라 시민들이 병역 의무를 져야한다는 원칙에 이의가 없습니다. 국가가 시민에게 '정당방위'라 불리는 양심적 결정을 요구할 때, 시민은 이를 무시해선 안 됩니다. 더욱이 군대에서 그리스도인의 역할은 정의된 윤리 원칙에 따라 공공선에 봉사하며, 애국심이라는 덕목을 수행하는 것이기 때문입니다.[99]

233. b) 이와 동시에, 국가는 맹목적인 복종을 요구해서는 안 됩

니다. 우리는 1980년 성명서에서 정부가 징집에 대한 설득력 있는 사유를 제시해야 한다고 주장했으며, 국가 비상사태가 아니면 징집 자체를 거부하도록 촉구했습니다. 또한, 우리는 양심적 병역 거부와 특정 전쟁에 대해 선택적으로 양심적 병역 거부를 하는 것을 지지한다는 점을 다시 한 번 강조했습니다. 선택적인 양심적 병역 거부가 윤리적 판단이라 여기며, 이는 정당한 전쟁론의 고전적인 가르침에서도 확인할 수 있는 바입니다. 우리는 양심적 병역 거부자의 권리를 존중하고 이를 법적으로 보호할 것을 계속해서 주장해 왔습니다. 우리는 또한 그런 이들이 군사적 필요와 무관한 지역 사회에서 대체 복무를 할 수 있게 하는 것에 찬성합니다.

B. 평화로운 세계 만들기

234. 핵전쟁을 막는 것이 윤리적 의무입니다. 그러나 핵전쟁이나 재래식 전쟁을 피하는 것만으로는 오늘날 국제 관계를 이해하는 데 충분한 구상이 될 수 없습니다. 이는 또한 가톨릭교회가 가르치는 내용을 완전히 이해한 것도 아닙니다. 이 시대의 정치적 요구와 윤리적 과제는 정의로운 세계 질서의 비전에 뿌리를 둔 긍정적인 평화 개념입니다. 요한 바오로 6세 교황은 회칙 『민족들의 발전』에서 고전적인 가톨릭교회의 가르침을 다음과 같이 요약했

습니다. "힘과 힘의 불안한 균형으로 전쟁만 피하면 그것이 평화라고는 할 수 없다. 평화는 하느님이 원하시는 질서, 더욱 완전한 정의를 인간 사이에 꽃피게 하는 질서를 따라 하루하루 노력함으로써만 얻어지는 것이다."[100]

1. 세계 질서에 관한 가톨릭교회의 가르침

235. 평화에 대한 긍정적인 개념은 평화를 질서의 열매로 봅니다. 질서는 정의, 진실, 자유와 사랑의 가치에 따라 순서대로 만들어지는 것입니다. 이런 가르침의 기초는 아우구스티노 성인과 토마스 성인, 그리고 성경에서 찾을 수 있으며, 이 시대의 교황들의 가르침에서 이에 대한 현대적 표현과 이를 더 발전시킨 형태를 찾아볼 수 있습니다. 비오 12세 교황부터 요한 바오로 2세 교황에 이르는 핵 시대의 교황들은 인간사에서 전쟁이라는 재앙을 피하기 위한 방법으로 국제 질서를 구축할 것을 요청해왔습니다.[101]

236. 국제 질서에 관해 가톨릭교회의 가르침이 기본적으로 전제하는 것은 다음과 같은 신학적 진리입니다. 인류 가족 공동체는 같은 창조에 뿌리를 두고 있고, 하느님 나라를 향해가고 있으며, 권리와 의무라는 윤리적 유대감으로 묶여 있다는 것입니다. 인류

가족 공동체에 관한 이런 기본 진리는 전쟁과 평화에 관한 모든 가르침 곳곳에 들어 있습니다. 이러한 신학적 진리는 평화주의에서는 생명을 앗아갈 수 없는 이유 중 하나가 되고, 정당한 전쟁론에서는 정당한 전쟁이라 하더라도 상호 책임과 의무를 져야 한다는 생각으로 표현됩니다.

237. 현대사에서 가톨릭교회의 가르침은 적어도 베스트팔렌 조약(1648)이후로 국제 공동체가 주권 국가들의 의해 좌우된다는 점을 인정합니다. 가톨릭 윤리신학은 『지상의 평화』 제2장과 제3장에서 말한 것처럼, 주권 국가들에게 상대적이긴 하지만 현실적인 윤리 가치를 제시합니다. 그 가치는 국가가 질서와 권위의 원천인 정치 공동체로 기능하기 때문에 현실적이며, 주권 국가들 사이의 경계가 인류 공동체 사이에 존재하는 깊은 책임 관계를 약화시키지 않기 때문에 상대적입니다. 국가 내부 사회의 윤리적 구조에 대한 가톨릭교회의 가르침은 개인 간 상호 권리와 의무 그리고 개인과 국가 사이의 의무로 설명됩니다. 따라서 국제 사회에서 평화는 국가 간에 존재하는 권리와 의무의 관점에서 설명할 수 있습니다.[102]

238. 지난 20년 동안 가톨릭교회의 가르침은 이런 국제 권리와

의무를 점점 더 구체화해왔습니다. 1963년 『지상의 평화』는 국가들 사이의 정치적, 법적 질서를 다뤘습니다. 1966년 『민족들의 발전』은 경제적 권리와 의무에 관한 질서를 정교하게 탐구했으며, 1979년 요한 바오로 2세 교황은 UN 총회 연설에서 국제 관계에서 인권이 기초가 되어야 한다는 점을 분명히 했습니다.

239. 이 문헌들과 그 후속 문헌들에서도 국제 관계의 윤리적 질서, 즉 국제사회가 어떻게 윤리적으로 조직되어야 하는 지에 대해 개략적으로 설명하고 있습니다. 동시에 이 가르침들은 국가들 사이에 실제 존재하는 관계 유형에 관심을 보였습니다. 지정학적 현실을 무시하지 않으면서 국제 질서에 관한 가톨릭교회의 가르침의 주요 임무 중 하나로 보다 통합된 국제연합 구축을 지향한 것입니다.

240. 국제 질서를 향한 이런 행로를 분석할 때, 가톨릭교회의 윤리에 관한 가르침에서 (최근에는 사회과학에서도) 자주 사용한 범주가 상호 의존성입니다. 일치에 관한 신학 원리에도 인간의 상호 의존성이 들어 있습니다. 오늘날 이런 연대는 세계의 정치적, 경제적 상호 의존성이 높아짐에 따라 보완되고 있으며, 이는 광범위한 국제 이슈에서도 확인할 수 있는 바입니다.[103]

241. 오늘날 국제 질서에서 간과하고 있는 중요한 요소는 우리의 물질적 상호 의존성을 윤리적 상호 의존성으로 이행하게 만드는 능력을 갖춘 '합법적 절차로 구성된 정치권력'입니다. 요한 23세 교황은 이런 상황에 대해 다음과 같이 천명하였습니다.

"오늘날 세계적 공동선은 국제적 차원의 문제들을 제시하는데, 이런 문제들은 강력한 공권력, 광범위한 조직, 세계적 활동 영역에서 해결해야 한다. 따라서 윤리 질서 자체가 모든 국가의 동의 아래 세계적 공권력의 설정을 요구하고 있다."[104]

242. 국제 무역과 새로운 무기 기술이 발달함에 따라 봉건 체제로는 분쟁을 해결하고 안보를 제공하는 것이 불충분해지자 봉건 체제에서 주권 국가로 한 단계 발전했던 것처럼, 이제 우리는 그 결과로 인해 나타난 갈등을 해결하고 공동 안보를 보장하기 위해 글로벌 협치 체제를 필요로 하는 지구적 상호 의존 시대에 들어서고 있습니다. 전 세계적 인플레이션, 무역과 국제 수지 적자, 부족한 자원으로 인한 경쟁, 기아, 광범위한 실업, 세계적 환경오염, 초국적기업이라는 신흥세력, 국제 금융질서의 붕괴와 세계 대전 위험과 같은 주요 문제들로 긴장감이 높아지면서 더 이상 문제를 국

가 대 국가의 접근으로는 해결할 수 없게 되었습니다. 전 세계 공동체의 공동 노력이 필요합니다. 아래서 알 수 있듯이 UN은 이런 노력에 특히 주의를 기울여야 합니다.

243. 핵 시대에 국가 간 갈등을 규제하고 군사적으로 해결하는 대신 최후의 해결책으로 협상을 선택하는 것은 국제적 공익의 정치적 개념뿐 아니라 윤리의 지대한 중요성과 필요성을 알 수 있게 해줍니다. 이런 이슈를 다루는 적절한 체계가 없으면 개별 국가가 져야 할 정책에 대한 책임이 훨씬 커집니다. 정치적 비전과 윤리적 정당성이 한데 결합되면서, 이제 개별 국가도 보다 큰 세계적 이익에 비추어 국가 이익을 해석할 필요가 있습니다.

244. 우리는 전 세계적 규모의 문제와 갈등이 있는 글로벌 시대에 살고 있습니다. 우리는 이 문제들을 함께 해결하는 방법을 배울 수도 서로를 파괴할 수도 있습니다. 상호 안전 보장과 생존을 위해서는 상호 의존적인 세상이라는 세계에 대한 새로운 비전이 필요합니다. 우리는 다양한 국가 공동체뿐만 아니라 더 큰 세계 공동체 안에 있으면서 권리와 의무도 함께 지고 있습니다.

2. 무질서한 세계에서의 강대국들

245. 오늘날 국제 문제에서 미국과 소련의 관계처럼 취약함을 인상적으로 보여주는 사례는 없습니다. 이 두 주권 국가는 핵전쟁과 재래식 전쟁은 피했지만 철학과 이념으로 분열되어 있고 각자 야망을 갖고 경쟁합니다. 이들의 경쟁은 전 세계적으로 진행되고 있고, 보유한 핵무기와 선전물을 비교하는 등의 방식으로 진행됩니다. 두 국가 모두 핵무기 경쟁 정책으로 국제회의에서 비난을 받고 있습니다.[105]

246. 우리는 1980년에 발표한 마르크스주의에 관한 사목 서한에서 가톨릭교회의 가르침과 마르크스주의 사이의 중요한 차이점을 설명해보려 노력했습니다. 이와 동시에 이 서한에서 서로 다른 정치 체제를 가진 국가들이 상호 의존적인 세계에서 함께 살 필요가 있음을 강조했습니다.

> 교회는 인류를 분열시키는 이념적 차이의 깊이와 크기를 알고 있지만, 서로의 이익을 위해 협력하려는 노력의 실질적 필요성은 이런 차이를 뛰어 넘습니다. 따라서 가톨릭교회의 가르침은 이념적 반대로 악화되지 않고, 이념적 분열을 뛰어

넘어 공통의 노력이 필요한 문제, 즉 평화를 유지하고 가난한 사람들에게 힘을 실어주는 문제에 초점을 맞추려고 합니다.[106]

247. 우리는 이 문장이 『지상의 평화』의 가르침과 바오로 6세 교황의 담화문 그리고 1979년 UN에서 요한 바오로 2세 교황이 하신 연설에서 거듭 요구한 바를 반영한다고 생각합니다. 우리는 이 목표를 실현하기 어렵다는 점을 알고 있지만 그럼에도 이 주제를 계속 강조합니다.

248. 특히 군비 경쟁이 가장 큰 어려움입니다. 대부분의 미국인들에게 전쟁 위험은 먼저 소련의 군사적 팽창주의와 소련의 군사적 위협을 억지 또는 방어해야 할 필요에 따라 정의됩니다. 많은 사람들은 이 위협의 존재가 영구적이며 압도적이기에, 최소한 이에 대항하는 군사력을 구축하고 유지하는 것 외에는 달리 방법이 없다고 생각합니다.[107]

249. 적어도 전략적으로 중요한 이해관계가 있는 지역에서 소련 제국이 위협과 패권을 추구한다는 사실을 부인할 수 없습니다. 냉전사는 어느 쪽이 갈등을 먼저 일으켰는지에 대해 다양한

분석을 내놓고 있습니다. 그러나 역사가 무엇을 구체적으로 말하고 있는지와 무관하게 분명한 사실은 동유럽에서 소련이 시행한 정책과 최근 아프가니스탄과 폴란드에서 있었던 사건이 미국의 정치 논쟁에 영향을 주었다는 점입니다. 많은 사람들이 자유를 열망함에도 공산주의의 지배하에 있습니다. 소련의 힘은 매우 막강합니다. 소련이 군사력을 증강하는 것이 방어 목적인지 아니면 공격이 목적인지는 논란의 여지가 있습니다. 그러나 그 힘의 그늘 아래 살아야 하는 사람들에게 이 결과는 커다란 불안감을 느끼게 합니다.

250. 미국인들은 소련의 억압 구조와 인권 보장 제도의 결핍, 공작과 혁명 활동을 냉철히 다룰 필요가 있습니다. 미국이라고 구조적 결함이 없는 것은 아닙니다. 미국 정부도 때로 자유를 보장한다는 명분으로 억압적인 정부를 지지했고, 자체적으로 냉혹한 공작도 자행했으며, 모두가 평등한 권리를 유지하도록 만드는 국내정책도 불완전한 상태입니다. 이와 함께 NATO는 민주 국가들이 자유롭게 동맹을 맺은 연합이지만 바르샤바 조약 기구는 그렇지 않습니다.

251. 미국이 자국의 모든 이상에 부응하는 척 가장하는 것은 명

백히 부정직한 태도입니다. 세계의 모든 악이 독재 정권에 의해 자행되었고, 지금도 계속 가해지고 있다고 주장하는 것도 정직하지 않고 터무니없는 일입니다. 우리의 결점을 인정하고 난 뒤 현실에 대응하는 것이 맞습니다. 사실 미국 사회가 항상 인권을 충분히 보장하는 것은 아니더라도 최소한의 인권은 보장하고 있습니다. 이런 우리의 삶의 방식과 기본 인권조차 거부하거나 억압하는 전체주의적, 폭압적 정권의 방식을 비교하는 것은 지지 받기 어렵습니다. 하지만 이것이 사실인 한, 미국의 대외정책과 국내정책에서 인권을 증진시키는 일은 더 중요해집니다. 이는 우리가 민주적 가치에 헌신하고 있다는 것을 엄밀히 검증해볼 수 있는 척도입니다. 이런 관점에서 국가가 인권을 계속 침해하는 체제를 정당화하려는 위선적 시도는 윤리적으로 비난 받아 마땅합니다.

252. 미국의 영예는 사회 구조가 허용하는 정치적 자유의 범위에서 나타납니다. 우리는 주교, 가톨릭 신자, 시민으로서 정부 비판을 담고 있는 이 서한을 통해 자유를 행사했습니다. 우리에게는 진정한 종교의 자유, 언론의 자유가 있고, 자유롭게 알릴 권리가 있습니다. 우리와 같은 자유를 동유럽이나 소련에서는 행사할 수 없을 것입니다. 자유민들은 자유를 유지하기 위해 이에 상응하는 대가를 치르고 위험도 책임감 있게 감수해야 합니다.

253. 한 가지 분명한 것은 누구나 전쟁을 원치 않는다는 사실입니다. 이와는 정반대의 행동을 일관되게 보여준 정권이나 정치 체제에 이와 같은 좋은 동기를 부여하는 것은 또 다른 문제입니다. 우리와는 근본적으로 윤리에 대한 이해가 다른 정치 철학도 있습니다. 심지어 협상할 때 양쪽에서 같은 용어를 사용하면서도, 서로 다른 전제로 진행하기도 합니다. 그렇다고 이것이 협상하지 말아야 할 이유가 될 수 없습니다. 오히려 무턱대고 또는 어리석은 협상을 하지 말아야 하는 매우 타당한 이유가 됩니다.

254. 이와 관련하여, 요한 바오로 2세 교황은 대화와 평화에 대해 다음과 같이 냉철하게 되짚었습니다.

> 언어를 오용하는 전략적이고 고의적인 거짓말에 대해 언급해야겠습니다. 언어는 가장 정교한 선전 기술을 사용합니다. 이 기술은 대화 상대를 기만하고, 대화 내용을 왜곡하고 침략을 조장합니다. 어떤 부류들은 자신들이 한 선언에도 불구하고 인간의 존엄성에 반하는 이데올로기, 역사의 원동력을 투쟁에서 찾는 이데올로기, 권리의 근원을 힘에서 찾는 이데올로기, 정치학의 기초를 적대 세력을 분별하는 것으로 보는 이데올로기에 휘둘리기 때문에, 대화는 고착되고 아무 소

득이 없습니다. 설사 대화를 한다 하더라도 피상적이고 거짓 현실일 뿐입니다. 따라서 대화는 불가능하다고 할 순 없지만, 매우 어렵습니다. 자연히 국가와 국가, 국가 연합체 사이의 의사소통은 거의 이루어지지 않고, 국제기구조차 제 기능을 못합니다. 대화 단절은 무기 경쟁에 봉사하는 위험을 높입니다. 개인이 그런 이념을 지지하며 막다른 길에 서있다는 생각이 드는 상황에서도, 특정 지점에서 평화를 이루기 위한 노력으로 명쾌한 대화를 시도하는 것은 여전히 필요합니다. 이것은 많은 이들이 주로 기대는 정당한 열망에 따라 결정될 것입니다.[108]

255. 그 어떤 난관에도 불구하고, 이 서한의 냉정한 현실주의는 정치적 대화를 추구해야 한다는 신념과 함께 미국과 소련의 관계에 대해 확실한 지침을 제공합니다. 두 신념 체계와 정치적 구조 사이에 존재하는 모든 차이점들을 인정하면서도 단순화할 수 없는 사실은 초강대국 사이에 상호 이익이 존재한다는 점입니다. 이해가 상충되는 경우 이런 사실에 관련된 구체적인 증거는 SALT I 협정뿐만 아니라 대기권 밖에서 실행한 핵실험과 핵폭발과 관련해 이미 타결된 아주 중요했던 일부 협약에서 찾아볼 수 있습니다.

256. 소련이 현재 미국을 위협하는 거대한 전략 무기를 보유하고 있다는 사실이 그런 협상의 성공 가능성을 부정하는 것은 아닙니다. 미국은 유럽의 많은 참관국들이 ('데탕트'로 요약할 수 있는) 잠정 협정(modus vivendi) 협상이 정치, 경제 그리고 과학 분야에서 실현될 가능성이 있다고 확신하는 바를 경솔히 여겨서는 안 될 것입니다.

257. 민감하고 성공적인 외교를 통해, 우리는 '반소비에트주의'라는 형태의 함정을 피해야 합니다. '반소비에트주의'는 초강대국 간 경쟁이라는 중대한 위험에서 미국과 소련 두 나라가 주요 경쟁 주자라는 사실을 파악하지 못하게 하고, 핵무기를 사용하지 않는 게 두 나라 공통의 이익이라는 사실을 깨닫지 못하게 만들기 때문입니다. 한 쪽이 비교적 온순하더라도 두 개의 큰 힘이 존재하고, 패권, 영향력과 안보를 쟁취하기 위해 경쟁하는 이 세계에 이런 위험과 공동 이익은 존재하기 마련입니다. 미국과 소련의 관계를 이루는 외교적 요건은 소련의 의도와 힘에 대한 낭만적 이상주의가 아니라, 모든 사람들이 핵 공격을 주고받게 될 것이라는 사실을 인정하는 확실한 현실주의에서 찾을 수 있습니다.

258. 우리 주교들은 외교적 필요를 넘어서는 문제에 관심이 많

습니다. 정치 영역에서 민족과 국가 사이의 문제와 관련하여 우리의 참여가 뒷받침된 참된 토론을 확장하는 것은 가치 있는 일입니다. 외교적 대화는 대개 상대방을 잠재적인 적 또는 실제 적으로 봅니다. 어떤 경우에 소련의 행동 가치는 비난 받을 것으로 묘사되지만, 그럼에도 불구하고 소련 국민들과 지도자들은 하느님의 형상과 모습으로 창조된 인간입니다. 우리는 미국과 소련 관계에서 창조적 외교에 관한 인류의 잠재력과 우리가 가히 상상할 수 없는 변화의 길을 열어 주시는 하느님을 과소평가하는 것은 미래에 지탄받을 일이라 믿습니다. 우리는 앞으로 초강대국간 관계에서 긴장이 사라진다거나 평화가 쉽게 달성 될 것이라는 공상적인 생각을 하는 것은 아닙니다. 그러나 과거와 다른 미래를 만들어 가려는 우리와 이웃의 변화를 가로막는 '완고한 마음'에 대해서는 경고를 보냅니다.

3. 상호 의존성 : 사실에서 정책으로

259. 핵무기 경쟁은 미국과 소련 관계에 초점을 맞추지만, 이들의 관계가 자리하고 있는 더 넓은 국제적 맥락을 무시하는 것은 정치적으로 현명하지도 윤리적으로 합당하지도 않습니다. 대중들은 더 큰 권력에 관심을 기울이면서 종종 곤경에 빠진 수많은

국가와 수백만의 생존은 간과합니다. 세계의 상호 의존성은 일련의 인간적 질문들과 밀접한 관련이 있습니다. 핵 시대에 평화를 유지하는 일은 중요하지만, 이것이 오늘날 다른 중요한 문제들을 해결하거나 해소시켜주는 것은 아닙니다. 이 문제들 가운데 가장 중요한 문제는 동서양의 선진국과 개발 도상국 간 생활수준 차이입니다. 이에 대해 요한 바오로 2세 교황은 다음과 같이 말했습니다.

다양한 정치 압력에 기대면서 세계 경제를 떠받치는 금융, 통화, 생산과 상업 구조에 의문을 갖는 현상이 만연합니다. 과거로부터 계속돼온 불의한 사회 조건들을 해결하거나 현재의 시급한 과제와 윤리적 요구를 처리할 수 없다는 것이 드러나고 있기 때문입니다.[109]

260. 외교 정책 토론에서와 마찬가지로 세계 질서에 중심이 되는 동서(東西) 경쟁에서도 핵문제에 필적할 만한 이 윤리적 사안을 인류의 중대한 문제로 다루지 않습니다. 개발 도상국 문제는 또 다른 사목 서한에서 다뤄야 하겠지만, 가톨릭교회의 가르침은 다음에서 다뤄야 할 이 문제에 대해서도 동일한 진단을 내립니다. 이 진단은 빈곤의 원인이 국가 내부에 있다는 점을 인정하면서도, 빈곤에 미치는 더 큰 국제 경제 구조의 영향에 집중합니다. 특히

무역, 통화, 투자와 원조 정책에 집중합니다.

261. 오늘날 수백만의 사람들이 겪고 있는 '절대 빈곤'을 해결하기 위해 고안된 조치에서는 초강대국이 눈에 띠지 않습니다.[110]

262. 주교인 우리의 관점과 경험에 따르면, 우리는 미국 정책보다는 미국 국민으로서의 감정과 마음으로 이런 질문에 답할 가능성이 훨씬 크다고 생각합니다. 국제 프로그램을 위한 기금 마련을 신자에게 호소하는 성직자들에게서 선의와 드넓은 관용을 보게 됩니다. 마샬 플랜(Marshall Plan)8이 보여 준 관용의 정신은 여전히 미국 대중 안에 살아 있습니다.

263. 우리는 이런 개인적 관용과 연민을 국제 경제 문제에 관한 교황의 가르침에 응답하는 정책을 지지하는 방향으로 이끌 방법을 찾아야 합니다. 요한 바오로 2세 교황이 뉴욕 양키 스타디움에 있던 미국 가톨릭 신자에게 요청했듯이, 무역, 원조, 금융 문제와 관련한 사회 정의의 필요성을 이해하기 위해서는 국제 자선과 구호에 대한 우리 개념을 확장할 필요가 있습니다.

---

8 역자 주 : 2차 세계대전 후 서유럽 16개 나라에 대한 미국의 대외원조계획으로, 서유럽 국가들의 경제성장을 촉진하고 공산주의의 확대를 저지하려던 계획입니다.

국가 기관의 틀 안에서 모든 동료들과 협력하여, 세계와 자국에서 다른 형태의 빈곤에 적절한 해결책을 적용할 수도 있도록, 빈곤을 조장하거나 야기하는 구조적 이유를 찾고 싶을 것입니다. 과학적이기보다 이념적으로 지나치게 단순화된 설명, 즉 한 가지 원인으로 복잡한 악을 설명하는 것으로 인해 위축되거나 낙담할 필요가 없습니다. 그러나 삶의 고된 투쟁에서 새로운 기회를 가질 수 있다면, 빈곤한 사람들이 필요로 하는 조건들을 반복해서 재현하기 위해서 구조에 대한 사고방식과 구조에 대한 심오한 개혁이 있기 전까지 움츠러들지 않을 것입니다.[111]

264. 교황의 말씀은 미국의 지적, 윤리적, 정치적 과제를 강조합니다. 지적으로는 상호 의존적인 세계에서 국가 이익의 의미를 재고할 필요가 있습니다. 윤리적으로, 미국 국민들의 관용을 바탕으로 세상의 가난한 이들에게 영향을 미치는 주요 문제들에 보다 체계적으로 반응할 필요가 있음을 말합니다. 정치적으로는 최근의 교황 가르침에서 요청된 바에 따라 지대한 구조 개혁을 촉진하는 정책이 필요합니다.

265. 교황의 가르침은 개발 도상국을 위해 국제 질서라는 이름

의 다자간 협력을 말과 행위로 촉진해야 한다고 주장합니다. 다자기구에 대한 미국의 리더십 역량은 매우 큽니다. 우리는 미국이 이런 기구를 통해 개발 도상국의 요구에 훨씬 더 강력하고 창조적으로 대응하기를 촉구합니다.

266. 미국이 할 수 있는 중요한 역할은 이런 기구가 일상적으로 다루는 의제에서 분명하게 드러납니다. UN과 다른 국제기구에서는 선진국과 개발 도상국 간의 관계를 다루는 의제로서 '심대한 개혁'이 필요한 광범위한 문제를 정기적으로 논의합니다. 미국의 참여가 없으면 빈곤층의 요구를 해결하는 방향에 대한 중대한 개혁과 실질적인 변화는 불가능할 것입니다. 이런 요구를 충족시키는 것은 평화로운 세상을 위한 필수 요소입니다

267. 지난 40년간 교황의 가르침은 대체로 국제기구를 지지했습니다. 그중에서도 특히 UN을 지지하였습니다. 바오로 6세 교황은 UN 총회에서 다음과 같이 말했습니다.

여러분이 구축한 이 조직은 절대 실패하지 않아야 합니다. 그것은 목표를 완수해야 하고, 세계 역사가 필요로 하게 될 바와 완벽히 일치해야 합니다. 여러분이 물러서는 것을 절대

로 허용하지 않는 인류 발전 단계에 족적을 남겨왔고, 이는 반드시 진보해야 합니다."[112]

268. UN의 한계를 인식하고 필요한 경우 개선 사항 제안을 면밀히 검토하는 일은 반드시 필요합니다. 그럼에도 불구하고 교황의 가르침에서 확인된 지속적인 지지에 비추어 우리는 미국이 UN을 더 강력히 지지하는 리더십을 발휘할 것을 촉구합니다. '정부 외적인 단체와 결부된 다국적 기업'과 '국가와 국민 사이'에 상호 의존성이 커지려면 새로운 협력 구조가 필요합니다. UN 창설국이자 주요 재정지원 국가 중 하나인 미국은 오늘날 보다 긍정적이고 창조적인 역할을 담당할 수 있으며 또 그렇게 해야 합니다.[112]

269. UN의 상황에서 봤을 때, 군비 경쟁이 경제 발전 전망에 미치는 영향이 강조되고 있습니다. 개발과 군축에 관한 수많은 UN의 분석은 이 서한에서 인용한 제2차 바티칸 공의회의 판단을 뒷받침합니다. "군비 경쟁은 인류의 극심한 역병이며 가난한 사람들에게 견딜 수 없는 상처를 입히는 것입니다."[113]

270. 우리는 군축과 개발 간의 정확한 관계가 쉽게 입증되거나

방향 전환도 쉽지 않다는 것을 알고 있습니다. 그러나 인류가 직면한 슬픈 상황에서 무기에 엄청난 재화를 소모해야 한다는 사실이 윤리 문제를 야기합니다. 오늘날 상호 의존적 세계에서 한 국가의 안보는 모든 국가의 안보와 관련이 있습니다. 오늘날 우리가 국방비와 이 비용의 조달방법을 고려할 때, 우리는 안보를 무력으로만 해결하려는 관점보다 더 넓은 관점이 필요합니다.[114] 상호의존적인 세계에서 안보와 안전을 위협하는 것은 미사일과 폭격기만 있는게 아닙니다.

271. 군비 경쟁 상황이 모든 방면에서 역전되지 않는다면, 미국뿐만 아니라 전 세계의 많은 국가들도 인간의 필요에 따라 재화를 이용할 수 없게 됩니다. 그러나 우리는 재화를 만드는 것이 첫 번째 단계임을 알고 있습니다. 이를 위해 지혜로운 정책이 따라야 할 것입니다. 군축 경제를 구상하는 과정의 일부로써 방위 산업을 다른 목적으로 전환시키는 것도 고려해볼 수 있습니다. 많은 사람들은 정치적 의지가 있다면 특히 그럴 가능성이 크다고 말합니다. 우리는 재화를 인간의 필요에 따라 사용하도록 바꾸고, 산업, 과학과 기술 역량을 이런 요구를 충족하기 위해 사용하려는 정치적 의지가 바로 핵 시대의 과제 중 일부라고 생각합니다. 위와 같은 산업을 통해 생계를 잇는 사람들을 위해 새로운 형태의 고용 전

환과 관련된 지원책도 마련해야 합니다. 군비 경쟁의 경제적 차원은 우리가 여기서 평가할 수 있는 것보다 더 광범위하지만, 우리가 제기한 이런 문제는 국가보다 국민들에게 더 중요한 질문입니다.[115]

272. 상호 의존적인 세계에서 오늘날 주요 정책 문제가 상호 이익에 관한 문제를 포함한다는 것을 이해할 필요가 있습니다. 만약 화폐와 무역 제도가 상호 필요에 민감하지 않으면 그 제도는 무너질 수 있습니다. 만약 외교 무대에서 인권 보호와 인간의 여러 필요에 부응하지 못한다면, 우리가 군비 증강에서 기대했던 안정성은 전 세계 광범위한 지역에서 결국 거부되고 충족되지 못한 채로 남을 것입니다.

273. 상호 의존성에 관한 윤리적 과제는 안보, 복지와 안전에 대한 우리의 공통 욕구를 뒷받침하는 관계 형성과 실천 규칙을 만드는 것과 연관이 있습니다. 이런 과제는 인류 공동체에 대한 우리의 생각, 정책 분석, 정치 의지를 시험합니다. 핵전쟁을 막을 필요성은 절대적으로 중요하지만, 이것이 달성 되더라도 해야 할 일이 훨씬 더 많습니다.

4장

사목적 도전과 응답

A. 교회 : 양심, 기도, 그리고 참회하는 공동체

274. 요한 바오로 2세 교황은 당신의 첫 번째 회칙에서 비오 7세 교황의 교회에 관한 가르침에 감사하는 마음으로 다음과 같이 이야기했습니다.

이 몸의 구성원 자격은 은총의 구원 역사(役事)와 결부된 특수한 부르심에서 연원한다. 그러므로 이처럼 광범위하고 천차만별한 하느님 백성의 공동체를 이해하려면 우리는 무엇보다도 먼저 그리스도를 바라보고 어느 모로 이 공동체의 모든 성원에게 "나를 따라오너라."고 말씀하시는 그분께 시선을 모아야 한다. 교회는 제자들의 공동체이다. 제자 한 사람 한 사람이, 때로는 분명한 의식으로 꾸준히, 때로는 의식이 분명하지 않고 변덕스럽게 여러 길로 그리스도를 따라가

고 있는 것이다. 이것은 이 사회의 깊은 "인격적" 측면과 차원을 보여 준다.[116]

275. 다음 항에서부터 다룰 내용은 미국이 핵무기로 중무장하고, 계속 새로운 무기와 이를 사용하기 위한 전략을 개발하는 이 시점에 우리가 예수님의 제자 공동체로 존재한다는 것이 갖는 몇 가지 의미에 대해서입니다.

276. 지난 세대와 달리 오늘날 전 세계 모든 나라에서 신앙의 확신이 강한 그리스도인은 점차 소수가 되어가고 있습니다. 심지어 그리스도교, 그리고 가톨릭을 국교로 하는 나라에서도 상황은 다르지 않습니다. 우리 미국 교회에서도 예수님의 부르심에 대한 응답이 개인적 차원에서만 일어나고 있고 이 조차도 쉽지 않은 일이라는 사실을 점차 깨달아가고 있습니다. 오히려 신앙인인 우리는 어려운 사명에 참여한 증인들의 공동체였던 초대 교회와 현재의 자신을 쉽게 동일시할 수 있습니다. 예수님의 제자가 되려면 지금 자신의 존재를 끊임없이 넘어서야 합니다. 예수님의 부르심에 응답한다는 것은 우리 자신의 진정한 소명에 귀를 기울이고, 그것을 따르는 데 방해가 되는 모든 애착과 관계들로부터 떠나는 것을 의미합니다. 제자가 되는 길에 나서는 것은 십자가를 나눠지

기 위해 자신을 내어 놓는 일입니다(요한 16,20). 신약성경에 따르면, 그리스도인이 된다는 것은 단순히 마음으로만 믿는 것이 아니라, 말씀을 실천하는 사람이 되는 것이자 예수님과 함께, 또 예수님을 향한 증인의 길을 걷는 사람이 되는 것입니다. 따라서 당연히 우리는 역사 안에서 완전한 성공을 절대 기대할 수 없고, 심지어 박해의 길과 순교 가능성까지도 당연히 있을 수 있는 일로 여겨야 한다는 것을 의미합니다.

277. 우리는 우리가 살고 있는 이 세상이 점점 더 그리스도인이 추구해야할 가치에서 멀어지고 있다는 사실을 쉽게 확인할 수 있습니다. 그리스도인으로 남기 위해 우리는 세상이 이치로 받아들이는 많은 가치에 단호히 맞설 수 있어야 합니다. 진정한 제자가 되기 위해 우리는 성숙한 그리스도인 공동체로 거듭나는 어려운 과정을 거쳐야 합니다. 우리는 점점 더 세속화되는 사회에서 교회의 온전한 믿음을 선포하기 위해 끊임없이 준비해야 합니다. 우리는 그리스도와 그분의 삶을 보여주는 성숙하고 모범적인 그리스도인들과 관계를 맺음으로써 공고해지는 연대감을 키워야 합니다.

278. 우리가 예수님을 따르는 사람이 된다는 것, 또는 제자가

되는 것의 의미에 대한 모든 이야기들은 특히 이 시대에 진정한 평화를 찾는 과제와 관련이 있습니다.

B. 사목적 응답의 요소들

279. 우리는 큰 관심을 기울여야 하는 이 분야에서 신자들이 신앙에 도전이 되는 문제들에 직면할 수 있는 다음의 실천 프로그램들을 권고하고 지원코자 합니다.

1. 교육 프로그램과 양심 형성

280. 전쟁, 특히 핵전쟁의 위협은 이 시대의 가장 큰 문제 가운데 하나입니다. 따라서 우리가 이 문제 해결을 위해 어떤 방법을 찾느냐에 따라 이 땅의 모든 생명의 양상을 비롯해 앞으로의 가능성까지 결정할 수 있을 것입니다. 하느님께서는 인류를 이 땅의 관리자로 세우셨고, 우리는 이 책임을 피할 수 없습니다. 이에 따라 우리 주교들은 모든 교구와 본당에 속한 전 연령층의 모든 신자들에게 전쟁과 평화 관련 사안들에 대한 균형적이고 객관적인 교육 프로그램들을 시행해줄 것을 당부 드립니다. 앞으로 몇 년 동안은 이런 프로그램 개발과 시행을 최우선적으로 해야 할 것입

니다. 이 프로그램들은 우리 그리스도교 신앙을 충만히 드러내야 합니다. 이를 위해 이 서한이 담고 있는 모든 것을 복잡한 사안들도 포함하여 이러한 프로그램의 기본 틀과 지침으로 활용해야합니다. 교육 프로그램은 사람들이 전쟁과 평화 문제에 대해 윤리적 판단을 내릴 수 있도록 이끌어 주어야 합니다. 이때 명심해야 할 것은 이 사목 서한에서 제시한 원칙들의 적용이 보편 윤리원칙들과 가톨릭의 공식 가르침을 언급하는 것과 동일한 도덕적 권위를 갖는 것이 아니라는 점입니다.

281. 교육 프로그램들을 개발하면서, 우리는 전쟁과 평화에 대한 질문들이 그리스도인들로서는 외면할 수 없는 윤리적 차원의 것임을 기억해야 합니다. 이 질문들은 생명과 죽음에 관한 것입니다. 물론, 이 질문은 공공 정책과도 깊이 관련되어 있기에 정치적 차원에서도 바라보아야 합니다. 하지만 이 질문들이 정치적 차원에 속한다는 것이 교회가 구성원들의 양심 형성에 도움을 주어야 한다는 의무를 기피할 여지를 주는 것은 아닙니다. 우리는 올바르고 책임감 있게 윤리적 판단을 내릴 수 있는 방법을 함께 찾아야 합니다. 그러므로 우리는 이 사안에 대한 교회의 관심이 "정치에 관여하는 일"이라는 비판을 거부합니다. 우리는 토론에서 증언하고 행동하는 데로 옮겨가도록 부름을 받았습니다.

282. 동시에 우리는 이 사안에 대한 원리나 목적에 대해 이야기할 때 교회의 가르침이 갖는 권위가 전문적이고 구체적인 해결책에 대해 논할 때 그만한 권위를 인정받지 못한다는 점을 잘 알고 있습니다. 일예로, 사람들은 불의를 미워하는 일에는 동의할 수 있지만 정의를 실현하는 구체적인 방법에 대해서는 진심으로 동의하지 않을 수 있습니다. 종교 단체들도 다른 단체처럼 어떤 사안에 대하여 자신의 목소리를 낼 수 있습니다. 하지만 기억해야 할 것은 자신의 의견이 선한 의지를 지닌 사람들이 가질 수 있는 유일한 생각인 양 주장하면 안 된다는 것입니다.

283. 교회 교육 프로그램들은 논란이 거의 되지 않는 교회의 가르침과 원리라 할지라도 이에 대해 명확히 설명할 수 있어야 합니다. 그런 다음 평화를 외치는 복음의 소리와 교회 전통을 명백히 드러내기 위한 그 가르침들을 구체적인 상황에 적용해야 합니다. 그 가르침들은 가능한 합법적 선택에는 어떤 것들이 있는지, 그리고 그 선택의 결과는 어떠할 지 보여주어야 합니다. 이런 접근은 그 자체로 명확해야 하며, 강조할 필요가 있습니다. 핵전쟁에 관한 대중 토론에 참여한 어떤 사람들은 모든 면에서 또는 어떤 측면에 대해 교황 문헌 또는 공의회 문헌에서 제시하는 교회의 명백한 가르침을 이해하지 못하거나 수용하지 않으려는 것처럼 보입

니다. 예를 들어, 어떤 사람들은 '자기를 방어할' 필요가 있을 때는 핵무기 사용에 제한을 두지 말아야 한다고 주장합니다. 이와는 반대 의견을 피력하는 사람들 중에도 현재의 가톨릭교회 가르침에 근거해 정당한 선택이지만 의무적으로 따를 필요는 없어야 한다고 주장하는 이들이 있습니다.

2. '생명 존중'을 위한 진정한 평화 소명

284. 이 서한에서 강조하려는 가치는 우리 마음을 완벽하게 무장해제 시키고 진정한 평화를 주실 수 있는 오직 한 분이신 하느님께 우리의 영이 회심하는데 바탕을 두고 있습니다. 진실로 이 세상에서 평화를 이루기 위해서는 먼저 우리 내면에 평화가 있어야 합니다. 1982년 세계 평화의 날 담화문을 통해 요한 바오로 2세 교황께서 말씀하신 것처럼 우리 각자가 인격적으로 평화에 이르기 전까지는 세계평화를 이룰 수 없을 것입니다. "그것은 진리와 정의 그리고 사랑 안에서 얻을 수 있는 공동선을 향한 이성에 의해 움직이는 자유의지의 역동성에서 생겨납니다."[117] 우리 내면의 평화는 오직 영의 회심이 일어날 때 실현됩니다. 마음에 미움이 있는데 평화로울 수는 없습니다.

285. 모든 인류가 인간 존엄성의 가치와 모든 인간 생명의 거룩함을 가지고 있다는 충만한 인식 없이는 그 어떤 사회도 스스로에게나 전 세계에 평화를 깃들게 할 수 없습니다(야고 4,1-2). 그 어떤 형태로든 우리가 폭력을 인정하면 우리의 감각은 둔해지기 마련입니다. 우리가 폭력을 인정하면, 전쟁도 인정하게 됩니다. 폭력은 가난한 이들에 대한 억압, 기본권 침해, 경제적·성적 학대, 포르노그래피, 노인과 약자의 방치와 학대 그리고 수많은 비인도적 행위 등 다양한 형태로 나타납니다. 낙태는 특히 인간 생명의 거룩함에 눈을 감아버리는 행위입니다. 태어나지도 못한 무고한 생명을 무자비하게 살해하는 사회에서 우리가 어떻게 전쟁 중 비전투원 살해 위협의 공포에서 벗어나길 기대할 수 있습니까?

286. 우리는 전쟁 상황에서 인간 생명을 앗아가는 행위와 낙태를 통해 인간 생명을 앗아가는 행위의 차이점을 잘 알고 있습니다. 이 서한에서 줄곧 논의해 왔듯이, 공격에 대한 정당방위인 경우에도 무고한 인간 생명을 간접적으로 또는 의도와 상관없이 살해할 수 있습니다. 이는 비극입니다. 그러므로 수호해야 할 가치들과 같은 것으로 보아야 합니다. 전시를 포함해 그 어떤 상황에서도 무고한 인간 생명에 대한 공격을 정당화해선 안 됩니다. 낙태는 명백한 공격입니다.

287. 전쟁의 공포를 줄이고, 특히 그 어떤 나라에서도, 그 어떤 이유에서도 핵무기 사용을 금지하려는 우리의 노력에 선한 의지를 지닌 수백만 남녀와 모든 종파의 신도들이 뜻을 같이 하고 있음을 알고 있습니다. 핵전쟁은 직간접적으로 무고한 수많은 사람을 죽이는 결과를 초래할 것이라는 확신으로 많은 이들이 우리의 핵전쟁 '반대' 노력에 함께 하고 있습니다. 그러나 그 가운데 다수는 낙태의 공포를 줄이고, 직간접적으로 태내의 무고한 인간 생명을 살해하는 것을 '반대'하는 우리의 노력에 동조하지 않고 있습니다.

288. 낙태로 무방비 상태에 있는 인간 생명을 앗아갈 '권리'를 헌법적으로 보장하는 것을 더 확대하려는 국가가 무방비 상태에 놓인 수백만의 인간 생명을 살해하려고 세심하게 고안한 전략적인 전쟁정책을 수용하는 것을 거부할 가능성이 얼마나 있을지 질문해야 합니다. 1973년부터 미국에서 이뤄진 낙태 시술은 천오백만 건으로, 마치 인간 영혼이 겪게 된 한 질병의 증상처럼 나타났습니다. 그리고 이제는 이 사안이 영아 살해, 안락사 그리고 사형집행 시 의료진의 동행 여부 등과 같이 심각한 찬반 논쟁으로 이어지는 것을 보게 됩니다. 국가적 재앙이 되는 이 사안에서 축배를 드는 사람들은 현실에 눈을 가리고 있는 사람들일 뿐입니다.

289. 바오로 6세 교황은 단호하고 명확하게 말했습니다. "평화를 원합니까? 생명을 수호하십시오."[118] 우리는 전쟁으로 야기된 고통을 끝내기 위해 일하는 사람들에게 태어나지 않은 생명과 같이 가장 무방비 상태에 있는 생명을 보호하는 데서부터 시작하도록 촉구합니다.

3. 기도

290. 마음과 정신에서 우러난 회심은 우리를 주님과 더 친밀한 친교의 상태로 이끕니다. 기도 안에서 우리의 평화이신 예수님을 만나고, 그분께 평화에 이르는 길을 배우기에, 우리는 개인기도와 공동 기도를 통해 이 친교의 상태를 확장시켜 나갑니다.

291. 기도 안에서 우리는 신앙의 쇄신을 이루고 하느님의 약속에 건 우리의 희망에 확신을 둡니다.

292. 주님의 약속은 우리가 함께 기도할 때 그분께서 우리 가운데 계신다는 것입니다. 이 믿음에 대한 확신으로 우리는 부활하신 그리스도께서 이 세상에 당신의 평화를 가져다주시기를 간절히 청합니다. 우리는 첫 제자이시며 평화의 모후이신 성모 마리아

께 우리가 평화의 길을 걸어갈 수 있도록, 이 시대를 살아가는 모든 사람들과 우리를 위해 전구(轉求)합니다. 평화의 모후께 우리를 위해 빌어주시기를 더 간절히 청합시다.

293. 신자인 우리는 평화가 하느님의 선물임을 압니다. 이 믿음으로 우리는 개인적으로나 공동체적으로 끊임없이 기도합니다. 특히, 성경 봉독과 묵주기도를 바치고, 특히 가정 공동체 안에서 기도드립니다. 이런 방법으로 우리는 평화를 찾아 나서게 하는 지혜와 이 세상에서 우리가 그리스도의 평화의 도구로 쓰일 용기를 얻습니다.

294. 관상 기도 훈련은 특히 세상에서 조화와 평화로 나아가는 데 큰 도움이 됩니다. 거룩한 은총의 힘으로 이 기도를 바침으로써 마음의 문을 온전히 열게 되고, 평화의 원동력이 되는 자비 체험을 하게 됩니다. 관상을 통해 모든 사람들을 향한 하느님 사랑의 신비 안에서 일치하고 상호 의존하는 인류 가족의 미래에 대한 전망이 자라납니다. 이 침묵의 내적 기도가 세상에 '이미 와 있으나' '아직 완성되지 않은' 하느님 나라 사이를 임시로 이어줍니다.

295. 미사는 특히 우리 마음과 세상에 진정한 평화를 이루는 데

필수적인 환경을 만들기 위해 하느님의 도우심을 찾는 특별한 수단입니다. 영성체 예식을 통해 우리는 평화를 주시는 부활하신 주님을 만납니다. 그분께서는 평화라는 이 소중한 선물을 보존하고 성장시키도록 우리를 돕는 구원 은총을 나누어주십니다. 전례예식 가운데서 영성체는 평화를 향한 교회의 간청을 가장 잘 드러냅니다. 주님의 기도와 함께 미사의 이 예식을 시작한 후 현세와 다가오는 하느님 나라 사이의 화해를 위해 기도하며 회중은 하느님께 "저희를 한평생 평화롭게 하소서"라고 청하는데, 이는 먼 미래의 일을 이야기하는 것이 아닙니다. 심지어 "서로 평화의 인사를 나누십시오."라는 권고 이전에 사제는 주님이신 예수 그리스도의 유산인 평화를 기억하며 평화를 위한 교회의 기도를 바칩니다.

주 예수 그리스도님, 일찍이 사도들에게 말씀하시기를 "너희에게 평화를 두고 가며 내 평화를 주노라."하셨으니 저희 죄를 헤아리지 마시고 교회의 믿음을 보시어 주님의 뜻대로 교회를 평화롭게 하시고 하나 되게 하소서.

그러므로 우리 주교들은 모든 가톨릭 신자들이 미사 때 나누는 평화의 인사를 우리 각자가 하느님과 이룬 화해, 그리고 우리가 서로 이룬 화해의 참된 상징으로 만들라고 권고합니다. 또한 평화의 인사는 우리가 그리스도교 공동체로서 쌓아온 평화를 위한 노력을 드러내는 가시적 표징이 됩니다. 그리스도교 공동체로서 평화와 화해를 위해 노력한 후에야 우리는 비로소 주님의 식탁에 나아갈 수 있습니다. 이 노력의 일환으로 우리는 영성체 예식 때마다 보편지향기도를 통해 언제나 평화를 간청하도록 제안합니다.

296. 우리는 우리 내면의, 가정의, 공동체의, 우리나라의, 또 이 세상의 평화를 위해 하느님께 간절히 바치는 이 지속적인 평화를 위한 기도에 다른 교파의 그리스도인들과 선한 의지를 지닌 모든 사람들도 함께 해주길 간청합니다.

4. 참회

297. 참회 없는 기도는 그 자체로 불완전합니다. 보속은 우리의 삶의 방향을 예수님 그분께로 향하게 합니다. 우리는 모두 폭력을 행사할 수 있는 존재들이기에 그리스도와 완전히 같아질 수 없어 항상 회개해야 합니다. 20세기만 보아도 개인 차원으로나 국가 차원으로나 우리가 행한 폭력의 사례들은 차고도 넘칩니다. 그렇기 때문에 끊임없이 보속과 회개를 해야 합니다. 특히 화해 성사와 공동체 보속을 통한 교회 예배는 우리의 삶, 또한 이 세상 안에서

우리가 행사한 폭력을 보속할 수 있는 방법을 제공합니다.

298. 보속에 대한 우리의 갈망과 필요의 가시적 상징으로 우리는 평화를 위해 매주 금요일 단식과 금육을 실천합니다. 우리는 신자들이 자발적으로 금요일에는 적게 먹고 육식을 피하는 방법으로 보속을 바치기를 청합니다. 이는 보속 행위의 전통으로 돌아가는 방법으로, 우리 미국 교회는 이것이 우리의 이웃을 향한 자선과 봉사와 함께 이루어져야 한다는 것을 잘 알고 있습니다. 매주 금요일을 평화를 위한 기도와 보속 그리고 자선의 날로 봉헌합시다.

299. 이것은 성경 말씀이 우리에게 요청하는 보속과 회개의 길이기도 합니다. 이사야 예언자는 이렇게 말합니다.

> 내가 좋아하는 단식은 이런 것이 아니겠느냐? 불의한 결박을 풀어 주고 멍에 줄을 끌러 주는 것, 억압받는 이들을 자유롭게 내보내고 모든 멍에를 부수어 버리는 것이다. 네 양식을 굶주린 이와 함께 나누고 가련하게 떠도는 이들을 네 집에 맞아들이는 것, 헐벗은 사람을 보면 덮어 주고 네 혈육을 피하여 숨지 않는 것이 아니겠느냐? 그리하면 너의 빛이 새

벽빛처럼 터져 나오고 너의 상처가 곧바로 아물리라. 너의 의로움이 네 앞에 서서 가고 주님의 영광이 네 뒤를 지켜 주리라. 굶주린 이에게 네 양식을 내어 주고 고생하는 이의 넋을 흡족하게 해 준다면 네 빛이 어둠 속에서 솟아오르고 암흑이 너에게는 대낮처럼 되리라.(이사 58,6-8,10)

300. 현재의 핵무기 경쟁은 우리를 예언자의 말씀에서 멀어지게 만들었고 평화 건설에 등을 돌리게 만들었으며, 인류를 파멸로 이끄는 핵무기 증강에만 관심을 쏟게 만들었습니다. 우리는 모든 것을 파괴하는 악을 등지고 기도와 보속으로 하느님을 향해, 이웃을 향해, 평화로운 세상 건설을 향하도록 부름 받았습니다.

나는 오늘 하늘과 땅을 증인으로 세우고, 생명과 죽음, 축복과 저주를 너희 앞에 내놓았다. 너희와 너희 후손이 살려면 생명을 선택해야 한다. 또한 주 너희 하느님을 사랑하고 그분의 말씀을 들으며 그분께 매달려야 한다. 주님은 너희의 생명이시다. 그리고 너희의 조상 아브라함과 이사악과 야곱에게 주시겠다고 맹세하신 땅에서 너희가 오랫동안 살 수 있게 해 주실 분이시다.(신명 30,19-20)

C. 도전과 희망

301. 군비 경쟁은 우리에게 피할 수 없는 양심의 문제를 제기합니다. 미국의 가톨릭 신자로서 우리는 평화와 정의, 온 인류 공동체의 안보와 같은 가장 높은 가치에 헌신하도록 요청을 받고 있습니다. 국가의 목표와 정책은 이런 기준으로 평가해야 합니다.

302. 우리는 이 서한을 통해 가톨릭 공동체에 구체적인 방법을 제시하려 합니다. 40여년이 지난 지금, 시간의 흐름과 함께 핵전쟁의 공포에 대한 우리의 이해도 성숙했습니다. 이제 우리는 1945년 원자 폭탄 투하에 대해 깊이 애도할 수 있도록 국민 여론을 환기시켜야 합니다. 이런 애도 없이는, 미래에 수행될 군사 작전에서 핵무기나 재래식 무기 사용을 막을 수 없습니다. 또한 그런 군사작전은 정당한 전쟁의 기준에도 부합하지 않을 것입니다.

303. *사제와 부제, 수도자와 사목 협력자들에게*:
우리는 거룩한 전례에 따른 성사와 믿는 이들의 공동체에 대한 고유한 책임을 지닌 사제와 부제들이 교회 안에서 고유한 역할을 하고 있다는 것을 알고 있습니다. 또한 모든 남녀 수도자들의 역할이 필수적이며 가치 있는 일이라는 것도 알고 있습니다. 우리는 이들 모두와 그 외에 모든 사목 협력자들의 주요한 목표가 평화에 대한 복음적 전망을 발전시키는 것임을 강조하려 합니다. 이 전망은 믿는 이들의 삶의 방식이자 사회의 누룩입니다. 주교인 우리들은 매일 여러분의 노력에 기대고 있음을 깨닫습니다. 또한 이 서한과 함께 신자들에게 주어질 새로운 책임이 그들을 위해 봉사하는 여러분에게 어려움이 될 수 있을 것이라 생각합니다. 우리는 여러분이 이런 어려움을 주님을 증언하고 그분의 말씀을 전하는 기회로 전환시킬 힘을 충분히 가지고 있다고 자신합니다. 이 서한은 신자들에게 전달될 것입니다. 그러므로 이것을 읽고 선포하고 가르치십시오. 뿐만 아니라 창의성을 발휘해 활용도 하십시오.

304. *교육자들에게* :

우리는 이 서한 안에 전쟁과 평화에 대한 가톨릭교회의 가르침을 담았습니다. 하지만 이 글은 가톨릭 공동체 안에 있는 여러분의 손을 거쳐야만 살아있는 말씀이 될 것입니다. 평화를 이루는 방법을 가르치는 것이 '국가의 의지를 약화'시키는 것이 아니라 국민정신에 관심을 기울이는 것임을 가르치십시오. 평화신학을 향한 여정이 이제 막 시작되었기에, 우리는 신학자들에게도 특별히 부탁드립니다. 여러분의 각고의 노력이 없다면 시급하게 연구되어야 할 우리 신앙의 한 차원이 드러나지 못할 것입니다. 여러분의 도움으로 교회와 우리나라에 새로운 비전과 지혜를 제시할 수 있을 것 입니다.

305. 우리는 우리 교회와 나라에서 운영하는 가톨릭 교육단체들이 보여주는 모범으로 평화의 도전을 향한 창의적인 방법들을 고안할 수 있을 것이라 자신합니다.

306. 부모들에게 :
우리 눈에는 여러분의 역할이 그 어떤 역할보다 중요합니다. 사회는 가정에 기초를 두고 있습니다. 여러분이 여러분의 아이들을 온전한 인간이 되도록 양육하고 영적인 성장을 이루도록 하는 과정에서 치르는 희생을 알고 있습니다. 아이들은 여러분의 입을 통해 복음 말씀을 처음 듣게 됩니다. 부모는 가정 안에서 의식적으로 정의에 대한 토론을 하는 사람들이며, 아이들이 성장과정에서 겪는 갈등 상황을 비폭력적 방법으로 해결할 수 있도록 도와주어 평화건설자로 성장할 수 있게 애쓰는 사람들입니다. 세상의 모든 아이들의 미래를 위해 평화로운 세상을 건설하는 우리가 함께 공유하는 목표 안에서 사목 지원을 계속 해 나갈 것임을 약속드립니다.

307. *젊은이들에게* :

요한 바오로 2세 교황은 방문하는 모든 국가에서 시간을 따로 내어 미래의 희망인 젊은이들을 만났습니다. 우리는 여러분이 미래의 희망이라는 것에 동감합니다. 우리는 여러분이 직업이나 전문분야를 정할 때 숙고하기 바랍니다. 여러분에게 주어진 삶을 어떻게 살아가느냐에 따라 이 세상은 우리가 지금 알고 있는 모습과 많이 달라질 수 있기 때문입니다. 우리는 여러분이 전쟁과 평화에 대한 가톨릭교회의 가르침과 복음의 요청에 대해 공부하길 바랍니다. 또한 지금과 같은 핵 시대에 여러분이 시민의 책임을 다하면서도 양심적 결단을 내릴 수 있도록 돕는 세심한 지침을 찾을 수 있도록 응원하겠습니다.

308. 우리는 신앙을 가진 사람들로서 여러분에게 말합니다. 우리는 하느님께서 이렇게 위험하고 복잡한 시대를 살고 있는 우리와 함께 계시다는 것을 깊이 확신합니다. 그분께서는 우리를 통해 활동하고 계시며, 세상 모든 이를 위한 의로움으로 세상의 평화를 건설하려는 우리의 노력을 지지해주십니다.

309. *군 복무 중인 신자들에게.*

수백만 명의 가톨릭 신자들이 군 복무 중입니다. 이 서한에서 다룬 사안들에 대해 여러분이 특별한 책임을 지고 있다는 사실을 우리는 압니다. 여러분의 직업에 대한 우리의 입장은 제2차 바티칸 공의회 정신에 기초합니다. "조국 봉사에 몸 바쳐 군대 생활을 하는 사람들은 자신을 국민의 안전과 자유를 지키는 역군으로 생각하여야 합니다. 이 임무를 올바로 수행할 때 그들은 참으로 평화 정착에 이바지하는 것"입니다.[119]

310. 당연하지만 이 서한의 의도는 군 복무 중인 가톨릭 신자들을 곤란하게 만들려는 것이 아닙니다. 하지만 모든 직업에는 나름의 구체적인 윤리 문제들이 있으며, 이 서한에서 발전시킨 전쟁과 평화에 대한 가르침이 군복무 중인 이들에게 특별한 도전이자 기회를 부여한 것만은 분명합니다. 군종주교들이 직접 만나거나 또는 군종신부들을 통해 만나게 된 군복무 중인 가톨릭신자들이 보여 준 높은 윤리적 기준과 우리가 보고 있는 가톨릭 신앙에 투신하는 모습이 우리를 감동시킵니다. 이 서한이 여러분에게 제기하는 도전이 여러분의 양심을 불편하게 만들 것이라 확신합니다. 방위 정책의 목적은 평화를 지키는 데 있습니다. 군 복무 중인 사람들은 평화를 지키는 것을 자신의 소명으로 받아들여야 합니다. 우리는 이들이 그럴 것이라 믿고 있고, 그들의 이러한 생각을 지지합니다.

311. 지휘권자와 지휘 계통에 속한 모든 사람들에게 다음을 일깨워드리고자 합니다. 전쟁 중 어떤 특정 행위들, 특히 무고한 시민들에게 해를 가하는 행위 등은 오랜 기간 군대 야전 교범에서도 금지해왔으며, 여전히 금지하고 있습니다. 이때 해야 하는 질문은 전쟁 중 특정 행위가 불법이라거나 이를 금지하는가 여부가 아니라, 어떤 수단인가 하는 것입니다. 그러한 행위들을 거부하는 것이 비겁함이나 배신이 아니라, 용기와 애국심을 발휘하는 행위일 수 있습니다.

312. 우리는 다른 이들에게 권한을 행사할 수 있는 사람들에게 특히 전하고 싶은 것이 있습니다. 우리는 여러분이 져야할 책임을 잘 알고 있으며, 여러분이 감당해야 할 개인적인 그리고 직업적인 의무 기준에 감명을 받습니다. 그렇기 때문에 우리는 즉각 전쟁을 생각하기 전에 가능한 모든 평화로운 차선책들을 찾을 수 있도록 할 수 있는 모든 것을 해주기를 촉구합니다. 군사 전략과 무기 시스템을 개발할 때도 비전투원과 무고한 사람들을 생각하며 폭력과 파괴, 고통과 죽음을 최소화하는 데 최선을 다해주기를 촉구합니다.

313. 국방의 의무를 다하는 병사들을 훈련시키는 사람들은 군

에 입대하는 것이 한 사람의 기본권을 다 빼앗을 수 있는 것이 아 님을 반드시 기억해야 합니다. 그 누구도, 그 어떤 이유로도 모든 인간이 누려야 할 존엄성을 무시해서는 안 됩니다. 병사들을 존중 하는 마음을 갖고 정당하게 대우해야 합니다. 전쟁이 야기하는 가 장 어려운 문제 중 하나는 의미와 타당성을 갖는 가치를 파괴하지 않고 자유 사회를 지켜내는 것입니다. 전투의 효율성을 높이기 위 해 적에 대한 혐오를 기르고 감수성을 앗아가는 행위는 한 국가의 군인들을 비인간화시켜, 그들의 기본 인권과 자유를 빼앗고 인간 이하 취급을 하는 결과를 낳습니다.

314. 합법적 수단을 사용하는 전쟁일지라도 우리는 전쟁이 병 사 개개인에 미치는 영향에 주목해야 합니다. 합법적 대상을 공격 하여 상처를 입히거나 죽이는 것이 윤리적으로 정당화될 수 있다 하더라도, 이때 그 공격을 감행한 병사들에겐 어떤 일이 일어납니 까? 그들이 사용하는 무기처럼 무감각한 대상으로, 그저 전쟁 수 단으로 취급되고 있진 않습니까? 어떤 윤리적 또는 감정적 경험 을 해야 전쟁에서 물러나 집으로 돌아와 평범한 시민의 삶을 살 수 있습니까? 그들의 경험이 사회에 어떤 영향을 주고 있습니까? 그들은 사회로부터 어떤 대우를 받고 있습니까?

315. 우리는 적군의 기본권 뿐 아니라 우리 병사들의 기본 인권도 존중해야 합니다. 그래서 우리는 다시 강조하고 싶습니다. 책임이 있는 권위자들의 의무는 병사들에게 적합한 훈련과 교육을 제공하고 참전했던 이들에게 적절한 조치를 취하는 것입니다. 전투 경험 때문에 이후 사는 데 심각한 지장을 받거나, 트라우마를 얻은 참전 군인들에게 적절한 심리 치료나 다른 적합한 치료와 지원을 하지 않는 것은 비양심적 행동입니다.

316. 마지막으로 우리는 과거 참전 군인들의 헌신과 오늘날 군 복무중인 수많은 이들의 희생에 감사를 표합니다. 우리는 마땅한 생활, 업무 환경 제공과 적절한 금전적 보상으로 이런 희생을 다독이기를 촉구합니다. 군인 당사자뿐 아니라 그의 가족들에게도 충만한 영적 성장, 종교적 신앙의 실천과 품위 있는 생활수준을 끊임없이 유지할 수 있게 해주어야 합니다.

317. 우리는 군종신부들을 특별히 격려하고 응원합니다. 모든 사제와 수도자들에게 전했던 말과 더불어 여러분이 만나는 군대 내 모든 사람들을 향한 사목활동의 특별한 의무와 기회를 강조하려 합니다. 이 사목 분야에 대한 가르침을 보완하기 위해 오직 여러분만이 제공할 수 있는 세심하고 현명한 사목 지침이 필요합니

다. 이 과제를 수행할 여러분에게 우리는 지원을 아끼지 않을 것임을 약속합니다.

318. 방위 산업체에 종사하는 모든 남녀에게 :

　방위 산업체는 우리가 이 서한에서 관심을 표현하고 있는 대량학살 무기 개발과 생산에 직접 개입하고 있기 때문에 여러분도 매우 구체적인 문제에 직면해 있습니다. 우리는 여러분이 맡은 다양한 책임에서 여러분이 마주하는 개인적, 직업적, 금전적 선택들에 명확한 답을 제시할 수 있다고 전제하거나 가정하지 않을 것입니다. 이 서한에서 우리는 핵무기 사용을 배척하였고, 억지력에 대해서도 몇 가지 단서를 전제로 윤리적으로 허용할 수 있다고 이야기해왔습니다. 방위 산업체의 모든 분야에 종사하는 가톨릭 신자들은 이 서한에 담긴 윤리적 원칙들을 각자의 양심을 따라 판단하는 기준으로 삼을 수 있고, 또 그리 삼아야 합니다. 우리는 각기 다른 사람들 속에서 양심의 판단이 각기 다르게 내려진다는 것을 깨달았습니다. 또한 복잡한 상황의 경우에는 다양한 결정들이 내려질 수 있다는 것도 인정하였습니다. 우리는 개인적이고 직업적인 선택에서 이러한 문제들에 직면한 모든 사람들에게 윤리교사로 사목자로 함께할 수 있는 방법을 찾고 있습니다. 양심의 판단으로 더 이상 방위산업체에서 일하지 않겠다고 결정한 사람들에게 가톨릭 공동체는 지원을 아끼지 말아야 합니다. 방위 산업체에서 계속해서 일하기로 결정했거나, 무기 산업에서 이익을 창출하는 사람들도 교회의 지침과 지원 속에 자신의 사업을 계속 평가해 나가야 합니다.

319. 모든 남녀 과학자들에게 : 요한 바오로 2세 교황이 히로시마에서 행한 연설

과학과 기술에 대한 비판은 날카롭다 못해 종종 과학 그 자체를 비난하는 결과를 낳기도 합니다. 하지만 과학과 기술은 우리에게 놀라운 가능성을 열어주었고 우리 모두는 이에 감사합니다. 과학과 기술은 하느님께서 선물하신 인간 창의력의 놀라운 산물입니다. 하지만 이것의 잠재력은 중립적이지 않다는 사실도 우리는 알아야 합니다. 이것들은 인류의 발전을 위해서도, 퇴보를 위해서도 사용될 수 있습니다.[120]

우리는 원자력의 비밀을 처음 밝혀낸 과학자들, 과학이 지닌 놀라운 힘을 평화를 위해 쓰려 다양한 방법으로 발전시킨 과학자들의 노고에 감사를 표합니다.

320. 무기 개발에 참여하거나 다시는 이 세상에서 전쟁을 상상도 할 수 없게 다른 모든 무기들을 무용지물이 되게 만드는 무기를 개발할 수 있다는 신념에 사로잡혀 열정을 보이던 과학자들이 자신들의 지난 날을 돌아보고 가슴 깊이 후회하는 일이 많다는 것을 현대사에서 자주 발견합니다. 이런 노력은 모두 환상에 불과했음이 증명되었습니다. 과거에는 전쟁 위기를 극도로 고조시켰던 이들처럼 시대를 거스르는 과학 정신이 상응하는 헌신과 평화를 위해 담대하고 모험적인 관념들을 추구하는 것이 모든 인류에 놀라운 혜택을 제공할 것입니다. 이 측면에서 핵전쟁의 의학적 결과에 대해 의사들과 과학자들이 진행해온 공교육의 엄청난 노력을 특별히 치하하고 싶습니다.

321. 하지만 우리가 일궈온 노력들을 자연과학에만 한정하려는 것은 아닙니다. 자연 과학자들에만 한정하려는 것도 아닙니다. 요한 바오로 2세 교황은 히로시마의 UN 대학교에서 한 연설에서 "사람을 조종하고 그들의 정신과 마음과 존엄성과 자유를 짓밟는 데에 사회 과학과 인간 행동 과학이" 오용되는 것에 대한 경고를 잊지 않았습니다.[121] 사회 과학의 긍정적인 역할로 핵 시대의 위기를 극복할 수 있다는 사실은 이 서한에 명확히 담겨 있습니다. 우리는 가톨릭 전통에서 도출된 윤리적 원리를 이 시대의 구체적

인 문제들에 적용하기 위해 사회 과학자들의 연구와 분석에 많은 도움을 받아왔습니다. 사회 과학자들이 윤리적 지혜와 정치적 실재를 연결하는 이 노력을 계속해주기를 바랍니다. 우리에게 여러분의 통찰력이 계속 필요합니다.

322. 언론계에 종사하는 모든 이들에게:

이 서한을 작성하며 여러분들의 노력에 직접 의존하고 있다는 사실을 다시 깨닫습니다. 우리가 마주하는 매일의 모든 문제들을 언론이 분석합니다. 이런 문제들과 씨름하면서 우리는 이 사안들을 분석하기 위해 여러분들이 감당하고 있는 책임을 체감하였습니다. 여러분이 하는 노력의 질은 상당 부분 대중들이 이 서한을 이해하기 위해 갖게 될 기회에 달려 있습니다.

323. 모든 공무원들에게:

제2차 바티칸 공의회는 '어려우면서도 매우 고귀한 정치 기술'[122]을 강하게 언급합니다. 정치 사안 중에 전쟁을 막는 일이 가장 어렵습니다. 그 어떤 공적 책무도 안전한 평화를 건설하는 것보다 고귀하지 않습니다. 민주주의 국가의 공무원들은 앞장서 나가야 하지만 동시에 경청도 해야 합니다. 공무원들은 정책을 지속하기 위해 전적으로 대중의 여론에 귀를 기울여야 합니다. 우리는 여러분이 용기를 가지고 이끌며, 동시에 명민하게 대중들의 의견에 귀를 기울이도록 촉구합니다.

324. 첫 눈에는 도저히 가망 없어 보이는 것도 세상의 평화를 위한 모든 잠재적인 계획에 대해 자세히 살피고 객관적으로 바라볼 수 있어야 하는 것이 핵 시대의 지도력이라 할 수 있습니다. 지금 실행되는 하나의 구체적인 계획이 공적 영역, 산업, 노동, 경제학자와 과학자들을 핵 군비 축소가 낳을 경제적 복지와 산업적 생산물에 제기하는 문제와 도전들을 포함하여 이를 담당하는 태스크포스를 조직하는 것일 수 있습니다. 경청은 전쟁에 대한 전반적인 문제들과 이미 발발한 전쟁, 또는 군대조직 내의 특정한 역할 수행을 윤리적으로 거부할 수 있다고 진실로 믿는 사람들의 양심의 소리에 특별히 귀를 기울이는 것을 포함합니다. 공무원들은 이 소중한 자유, 진실한 양심의 자유를 최대한 보호하기 위해 법을 제정하고 지원하여 우리의 모든 시민들을 위해 봉사해야 합니다.

325. 앞장서 나아가고 동시에 경청하는 공무원들에게 지지를 보내며, 모든 시민들도 공무원들이 하는 일도 존중해 주기를 우리는 촉구합니다. 공무원들이 하는 일은 비난당하긴 쉽지만, 쉽게 완수할 수 있는 일은 아닙니다. 용감하고 창의적인 공무원들 없이

는 정의도 평화도 안정적으로 실현될 수 없습니다.

326. *시민인 가톨릭 신자들에게:*

평화에 대한 교도권의 가르침은 대중 여론의 역할의 중요성에 대해 강조합니다. 요한 바오로 2세 교황은 이 역할에 대해 구체적으로 다음과 같이 말했습니다. "핵 위협과 전쟁 위기 앞에서 모든 국가와 모든 개인의 책임 문제를 제기하지 않는 것은 정당하지 않습니다."[123] 민주주의 체제 안에서 국가와 시민은 모두 책임이 있습니다. 핵무기는 특히 미국 가톨릭 신자들의 양심을 괴롭히는 문제입니다. 우리는 국민으로서 우리나라와 우리나라가 추구하는 이상에 대한 충성심을 표현하길 바랍니다. 그러나 우리는 교회가 선포하는 보편 원리들에 충실해야하는 이 세상의 시민이기도 합니다. 다른 몇몇 나라들도 핵무기를 보유하고 있지만, 우리는 미국이 핵무기를 처음 만들고 사용했던 나라라는 사실을 잊어서는 안 됩니다. 소련처럼 미국도 많은 무기를 보유하면서 문명이 지속되는 것을 위협하고 있습니다. 모든 미국 국민들이 현 상황에 책임을 느껴야 하며, 이 문제를 해결해야 할 책임에서 자유롭지 않습니다.

327. 애국심이라는 덕목은 우리가 시민으로서 자기 나라를 존

중하고 영광스럽게 하는 것 뿐 아니라, 우리의 이 사랑과 충성심이 세계 문제들에서도 조심스럽고 규칙적으로 자신의 역할을 제대로 하고 있는 지 시험할 수 있어야 합니다. 세상 모든 사람들을 위한 정의로운 평화의 협력자로서 충만한 잠재성을 실현하며 살아가는지 물어야 한다는 것입니다.

시민들은 애국심이라는 관대하고 충실한 정신을 기르되, 편협한 사고에서 벗어나야 합니다. 이것은 언제나 온 인류 공동체의 선을 위하는 일에 관심을 두며, 인종과 민족, 그리고 국가의 차이를 일치시키는 것을 의미합니다.[124]

328. 종교의 자유와 언론과 출판의 자유가 법적으로 강력히 보호되는 미국과 같은 다원주의 민주주의 체제에서 교회는 공적인 문제의 윤리적 차원에 대해 관심을 환기시킬 수 있는 특별한 기회를 갖습니다. 이 시대의 인간 생명이라는 이전 서한에서 우리는 "우리나라의 민주주의 체제에서 정치적 이견에 대한 기본 권리는 거부될 수 없으며, 정부의 공공 정책에 대한 결정을 윤리적, 정치적 원리의 빛으로 비추는 이성적인 토론도 거부될 수 없습니다."[125] 이 역할에 충실하기 위해 교회는 넓은 시민 공동체 안에서 양심의 공동체를 만드는데 일조하고 있습니다. 처음에는 교회

안에서 가톨릭적 양심을 형성하고 구축하는 교회의 윤리적 가르침에 충실합니다. 그렇게 교회는 더 큰 사회 안에서 가톨릭 전통의 윤리적 지혜를 나누려는 노력을 통해 교도(敎導) 직무를 수행합니다.

329. 보다 폭넓은 공적 논의에 있어 우리는 같은 전통을 가진 모든 그리스도교 형제들과 협력을 도모할 수 있는 특별한 방법을 기대합니다. 또한 종교적이며 인간적인 가치로 평화를 위해 오랫동안 지속적으로 관심을 보여 온 유대교와 이슬람교 공동체와 협력할 수 있는 방법을 찾아 나설 것입니다. 결국 우리는 군비 경쟁의 방향을 전환하고 세상의 평화를 지키려는 선한 의지를 지닌 모든 남녀들과 공동 노력에 참여할 의지가 있음을 다시 한 번 강조합니다.

맺는 말

330. 이 긴 서한을 마무리하며 우리는 다음 두 가지 중요한 질문에 대해 가능한 대로 직접 답하려 합니다. 왜 우리는 이 복잡하고 논쟁적이며 휘발성이 큰 문제들에 대해 말하고자 할까요? 우리는 정치인이 아닌 사목자의 자격으로 말합니다. 전문가가 아닌 교사의 자격으로 말합니다. 우리한테는 이 세계와 미국 앞에 놓인 선택의 윤리적 차원을 강조할 책임이 있어서입니다.

331. 핵 시대는 윤리적인 도전과 물리적 위협에 직면한 시대입니다. 우리는 하느님이 세상을 창조하신 이래 이 질서를 위협할 힘을 가진 첫 세대입니다. 이처럼 심각한 위험 앞에서 우리는 침묵할 수 없습니다. 왜 우리는 이 문제들에 대해 이야기할까요? 우리는 그저 우리가 살아가는 이 시대와 상황에서 평화를 이루는 이가 됨으로써 예수님의 부르심에 합당하게 살아가려 할 뿐입니다.

332. 우리 이야기의 요지는 이것입니다. 근본적으로, 핵무기와 관련된 결정사항들이 이 시대의 가장 중요한 윤리적 질문들 가운데 하나라는 것입니다. 이러한 결정을 내릴 때는 당연히 군사적·정치적 측면을 고려해야하지만, 근본적으로 윤리적 선택의 측면도 고려해야 합니다. 간단히 말해 (한 국가를 방어하고, 자유를 보호하는) 선한 목적을 달성하기 위한 것이라도 (사회 전체를 위협하고 무차별 살상을 일으키는 무기 사용 같은) 비윤리적 방식은 정당화될 수 없다는 것입니다. 우리는 세상과 국가가 잘못된 방향으로 가는 것이 두렵습니다. 매일 더 큰 잠재적 파괴력을 가진 무기가 생산되고 있습니다. 갈수록 많은 나라들이 핵무기를 갖고 싶어 합니다. 우리가 확고한 안보를 추구할수록, 실제로는 훨씬 덜 안전해지는 것이 두렵습니다.

333. 요한 바오로 2세 교황 성하의 말씀 가운데, '180도 윤리적 전환'이라는 말씀이 필요합니다. 전 세계 사람들이 윤리적으로 용기를 내고 기술적 수단들을 동원하여 핵전쟁은 '안 된다'고 말해야 합니다. 대량 살상 무기도 '안 된다'고 말해야 합니다. 가난한 사람들과 취약한 사람들을 착취하는 군비 경쟁에 대해서도 '안 된다'고 말해야 합니다. 인류를 끊임없이 테러인가 항복인가라는 피할 수 없는 선택으로 내모는 핵 시대의 윤리적 위험에도 '안 된

다'고 말해야 합니다. 평화를 이루는 일은 선택이 아닙니다. 신앙의 요청입니다. 우리는 평화를 이루는 사람이 되도록 불리었습니다. 이 시대의 여느 운동 가운데 하나로 부르신 게 아니라, 바로 우리 주님이신 예수님께서 이 우리를 평화를 이루는 사람으로 부르신 것입니다. 우리가 이뤄갈 평화의 내용과 맥락은 특정 정치 현안이나 사상 프로그램이 아니라, 그분이 세우신 교회의 가르침에 따른 것이어야 합니다.

334. 그러므로 이 사목 서한에서 우리는 현대 세계가 직면한 위기에 도움이 되기를 희망하며 앞에서와 같이 제안한 것입니다. 우리 모두가 희망하는 오래 지속되고 생산적인 인류의 미래를 기대하며, 우리는 모든 걸 포함하는 완결적인 해결책이 필요하다고 생각했습니다. 우리는 여기서 요한 23세 교황이 회칙 『지상의 평화』[126]에서 열렬히 갈구하셨고, 바오로 6세 교황이 1965년 UN 방문 때 강조하셨던,[127] 매우 실질적인 국제기구에 대해 말하려 합니다. 이러한 국제기구의 설립을 기대하는 것은 비현실적이지 않습니다. 지금과 같이 방대한 양의 무기를 동원해 치루는 전쟁은 더 이상 성공할 수 없다는 여론이 지금 분명하게 형성되었기 때문입니다. 전쟁을 대체할 방법이 분명 있습니다. 맡은 책임을 실제로 감당할 수 있는 국제기구의 감시 통제 하에 이뤄지는 협상입니

다. 전 세계를 지속적으로 감시할 수 있는 장치가 필요합니다. 현재의 기술로 이것이 가능합니다. 이 국제기구는 권한이 필요합니다. 모든 국가가 이 기구에 권한을 부여해야 합니다. 이 나라들 가운데 어디라도 전쟁을 준비하고 있는지 조사하기 위해서입니다. 이 기구가 가진 힘을 모든 국가에 행사하기 위해서는 모든 나라가 이 국제기구에 힘을 실어 주어야합니다. 또한 이 국제기구가 회원 국가의 주권을 위협해선 안 됩니다. 이런 상위 수준의 국제기구를 출범시키는 일이 매우 어려운 일이긴 하지만, 하느님의 은총과 인도하심의 도움을 받는 인류의 비범함이 이를 가능하게 할 것이라는 사실을 믿는 것이 불가능한 일을 바라는 것이 아니지 않습니까? 이 국제기구를 설립하기 위해서는 전 세계에서 가장 명석하고 열정이 넘치는 이들이 모여 매일같이 수십 년 간 지치지 않고 노력해야 합니다. 당장 시작하지 않으면 이런 기구를 출범시킬 수 없습니다.

335. 이 사목 서한을 마무리하면서 우리는 이 일을 바로 시작하자고 용감하게 제안합니다. 핵무기를 확산시키는 악(惡)이 모두에게 날로 더욱 명확히 드러나고 있습니다. 그 누구도 이 위험에서 자유롭지 않습니다. 만일 이 세상에서 전쟁 무기를 없애는 일이 쉽다면 모든 사람이 당장 내일이라도 기쁜 마음으로 그리 할 것입

니다. 닥친 일이 힘들다고 뒤로 물러서서야 되겠습니까?

336. 우리는 먼저 우리나라인 미국 정부에 호소합니다. UN에 이런 국제기구를 하루 빨리 출범시키도록 정부 차원에서 제안해 주기 바랍니다. 이 국제기구가 모든 국가에 가입을 개방하고 하나의 공동 목적을 가지고 앞으로 수년간 매일같이 만나도록 요청하길 바랍니다. 공동 목적이란 이 세상이 전쟁으로부터 자유로워지는 날이 오도록 힘쓰는 것입니다. 위협으로 우리를 옭아매는 전쟁의 속박에서 자유로워져 이 세상이 전쟁 문제를 마침내 직시하고, 진정한 인류 발전을 이루어 하루하루가 더욱 자유롭고, 더 많은 식량과 더 많은 기회가 이 지구라는 땅 위를 걷는 모든 인간에 돌아갈 수 있기를 바랍니다.

337. 더 밝은 미래와 우리를 위해, 완벽한 세상이 아닌 더 나은 세상을 바라고 계시는 하느님을 믿는 용기를 가집시다. 우리 그리스도인이 믿는 완벽한 세상이란 저 수평선 너머, 하느님께서 모든 것 안에 계시는 모든 것인 끝없는 영원입니다. 그와 달리, 더 나은 세상은 바로 지금 이 곳에 우리 인간의 손과 마음과 생각으로 만들 수 있는 세상입니다.

338. 부활하신 그리스도는 신앙을 지닌 공동체에게 모든 것의 시작이자 끝입니다. 모든 것은 주님이 만드셨고, 모든 것은 주님을 통해 하느님께 되돌아갑니다.

339. 핵무기 경쟁이라는 거대한 도전에 맞서는 우리를 부활하신 예수님이 지켜주시리라 믿습니다. 태초에 하느님 아버지의 말씀으로 현존하셨고, 말씀이 사람이 되신 역사 안에 현존하시며, 그분의 말씀과 성사와 성령으로 오늘도 우리와 함께 하시는 그리스도는 우리의 희망과 신앙의 이유입니다. 우리의 자유를 존중하시어, 그리스도는 우리의 문제를 해결해 주시기보다 그분이 창조하신 세상에 대한 우리의 책임과 하느님 나라의 방식으로 이 세상을 만들어가도록 지켜주십니다. 우리는 그분의 은총이 우리를 절대로 낙담시키지 않을 것임을 믿습니다. 이 서한을 가톨릭교회와 모든 이를 위해 봉헌하며, 그로부터 힘과 지혜를 얻는 그 누구도 실망하게 만들어서는 안 될 것입니다. 우리는 핵 시대가 가진 힘을 인간이 통제 할 수 있어야 하고 인간에게 보탬이 되는 방향으로만 사용해야 합니다. 그렇게 한다면 우리는 하느님께서 우리 안에서 끊임없이 하시는 일을 알게 되고, 요한 묵시록의 선지자가 예언한 바와 같이 아름다운 최후의 왕국이 언젠가 도래하리라는 사실을 선포할 수 있게 될 것입니다.

나는 또 새 하늘과 새 땅을 보았습니다. 첫 번째 하늘과 첫 번째 땅은 사라지고 바다도 더 이상 없었습니다. 그리고 거룩한 도성 새 예루살렘이 신랑을 위해 단장한 신부처럼 차리고 하늘로부터 하느님에게서 내려오는 것을 보았습니다. 그때에 나는 어좌에서 울려오는 큰 목소리를 들었습니다. "보라, 이제 하느님의 거처는 사람들 가운데에 있다. 하느님께서 사람들과 함께 거처하시고 그들은 하느님의 백성이 될 것이다. 하느님 친히 그들의 하느님으로서 그들과 함께 계시고, 그들의 눈에서 모든 눈물을 닦아 주실 것이다. 다시는 죽음이 없고 다시는 슬픔도 울부짖음도 괴로움도 없을 것이다. 이전 것들이 사라져 버렸기 때문이다." 그리고 어좌에 앉아 계신 분께서 말씀하셨습니다. "보라, 내가 모든 것을 새롭게 만든다."(묵시 21,1-5)

미주

1 제2차 바티칸 공의회, 『현대 세계의 교회에 관한 사목 헌장』(이하 사목 헌장), 77항. 교황 문헌과 공의회 문헌은 문헌 제목과 함께 항 번호만 표시합니다. 이 문헌들을 묶은 책이 여러 권 있지만, 두 가지를 하나로 묶은 책은 없습니다. 다음 문헌을 참조하십시오. *Peace and Disarmament: Documents of the World Council of Churches and the Roman Catholic Church*(Geneva and Rome: 1982) (이어지는 미주에서는 쪽 번호와 함께 이탤릭체 Documents로 축약 표기함); J. Gremillion, *The Gospel of Peace and Justice: Catholic Social Teaching Since Pope John*(Maryknoll, N.Y.: 1976); D.J. O'Brien and T.A. Shannon, eds., *Renewing the Earth: Catholic Documents on Peace, Justice and Liberation*(New York: 1977); A. Flannery, O.P., ed., *Vatican Council II.- The Conciliar and Post conciliar Documents*(Collegeville, Minn.: 1975); W. Abbot, ed., *The Documents of Vatican II* (New York: 1966). 이 서한에서는 Flannery와 Abbot가 각기 번역한 사목 헌장을 따랐습니다.
2 요한 바오로 2세 교황, "군축을 위한 UN 총회, 두 번째 특별회의 연설"(1982년 6월), (이하 "UN 특별회의 연설" 1982), 7.
3 요한 바오로 2세 교황, "과학자와 학자에게 한 연설" 4, Origins 10(1982), 621.
4 사목 헌장은 2부로 나뉘지만 각 부는 유기적으로 연결돼있습니다. '사목' 헌장이라 한 것은 교리 원칙을 바탕으로 현대 세계와 인간에 대한 교회의 입장을 밝히려 하기 때문입니다. 사목적인 내용은 주로 1부에, 교리적인 내용은 2부에 담겨 있습니다. 각주 1을 참조하십시오.
5 Ibid.
6 Ibid., 43항.
7 요한 바오로 2세 교황, "UN 특별 회의 연설"(1982), 2.
8 사목 헌장, 81항.
9 Ibid., 80항.

10 Ibid., 16항.
11 Ibid., 80항.
12 이 전망과 완전히 반대되는 내용이 요엘 4,10에 나옵니다. 이 구절에서 이민족들은 하느님의 다가오는 진노 앞에서 그들의 무기가 아무 소용이 없게 될 것이라는 말을 듣습니다.
13 이러한 맥락에서 신약성경에서 생략하고 있는 한 부분이 중요합니다. 학자들은 우리에게 예수님 당시 이스라엘에 여러 혁명 단체들이 있었다는 사실을 확인시켜 주었습니다. 예를 들어, 바라빠는 '반란 때, 살인을 저지른 반란군(마르 15,7 참조)'가운데 한 명이었습니다. 예수님은 기존 질서의 반대편에 있는 하느님 나라를 선포하고 이를 우리에게 주러 오셨지만, 폭력적인 수단으로 기존 권력을 전복시키려는 열혈당원들의 시도에 대해서는 전혀 언급하지 않으시고 참여도 하지 않으십니다. M. Smith, "열혈당원과 시카리, 기원과 관계(Zealots and Sicarii, Their Origins and Relations)," *Havard Theological Review* 64(1971): 1-19 참조.
14 요한 바오로 2세 교황, "1982년 세계 평화의 날 담화", 12, Origins 11 (1982), 477.
15 Ibid., 11-12호, 477-478쪽.
16 요한 바오로 2세 교황, "UN 특별회의 연설" (1982), 13쪽; 바오로 6세 교황, "1973년 세계 평화의 날 담화"
17 요한 바오로 2세 교황, "1982년 제15차 세계 평화의 날 담화", 12, 478쪽.
18 사목 헌장, 79항.
19 Ibid., 77항.
20 Ibid., 80항.
21 Ibid., 17항.
22 Ibid., 78항.
23 요한 바오로 2세 교황, "1982년 제15차 세계 평화의 날 담화", 9; 사목 헌장은 평화가 사랑의 열매일 뿐 아니라, '형제애의 성실한 실천'에 투신하는 사랑이라는 점도 강조합니다(78항).
24 사목 헌장, 79항.
25 Ibid., 82항.
26 Ibid., 79항.
27 비오 12세 교황, "1948년 성탄 메시지". 교황은 동일한 주제를 1953년 10월 3일 메시지에서도 반복합니다. "국제연합은 자신의 야심찬 계획을 실현하기 위해 전면전을 벌이는 일도 서슴지 않을 파렴치한 범죄자들을 처리해야 합니다. 이렇게 하는 이유는 다른 나라들이 자국의 안전과 가장 소중한 유산을 지키길 바란다면, 국제적 범죄자들의 무법적 행동을 허용할 준비가 되어 있지 않은 이상, 자국을 방어해야 할 그날을 대비하는 것 외에 달리 대안이 없기 때문입니다. 오늘날에도 어떤 나라든 자기 방어를 위해 준비할 이 권리를 부정해선 안 됩니다."
28 사목 헌장, 80항.
29 Ibid.

30 요한 바오로 2세 교황, "1982년 제15차 세계 평화의 날 담화", 12, 478쪽.
31 아우구스티노 성인은 전쟁이 본질적으로 악한 것이고, 그리스도교적 애덕에 어긋나는 것이라 주장하는 것을 마니교 이단이라 불렀습니다. 그러면서 다음과 같이 말했습니다. "원칙을 중시하는 사람의 눈에는 전쟁과 정복은 안타까운 필요악으로 보일 것이다. 그러나 악인이 의인을 지배하는 일이 훨씬 더 큰 불행일 것이다."(『신국론』, 4권 15장).
정당한 전쟁론의 역사와 그에 대한 신학을 다룬 대표적인 연구는 다음과 같습니다. F. H. Russell, *The Just War in the Middle Ages*(New York: 1975); P. Ramsey, *War and the Christian Conscience*(Durham, N.C.: 1961); P. Ramsey, *The Just War: Force and Political Responsibility*(New York: 1968); James T. Johnson, *Ideology, Reason and the Limitation of War*(Princeton: 1975), *Just-War Tradition and the Restraint of War: A Moral and Historical Inquiry*(Princeton: 1981); L. B. Walters, *Five Classic Just-War Theories*(Ph.D. Dissertation, Yale University, 1971); W. O'Brien, *War and/or Survival*(New York: 1969), The Conduct of Just and Limited War(New York: 1981); J. C. Murray, "Remarks on the Moral Problem of War," *Theological Studies* 20 (1959):40-61.
32 아퀴나스는 전쟁에 관한 문제를 『신학대전』 2권 IIae q. 40항과 64항에서 다룹니다.
33 사목 헌장, 79항.
34 비오 12세 교황, "1948년 성탄 메시지"
35 이 원칙들의 내용과 그 관계에 대한 분석은 다음 자료를 참조하십시오. R Potter, "The Moral Logic of War," *McCormick Quarterly* 23 (1970):203-33; J. Childress, "Just War Criteria," in T. Shannon, ed., *War or Peace, The Search for New Answers*(New York: 1980).
36 James T. Johnson, *Ideology, Reason and the Limitation of War*, cited; W. O'Brien, *The Conduct of Just and Limited War*, cited, pp. 13-30; W. Vanderpol, *La doctrine scolastique du droit de guerre*, P. 387ff; J. C. Murray, "Theology and Modern Warfare," in W. J. Nagel, ed., *Morality and Modern Warfare*, P. 80ff.
37 요한 바오로 2세 교황, "1983년 세계 평화의 날 담화", 11.
38 전미(全美) 가톨릭주교회의, 『동남아시아에 대한 결의』(워싱턴 DC, 1971년).
39 사목 헌장, 80항.
40 요한 바오로 2세 교황, "1982년 제15차 세계 평화의 날 담화", 12.
41 "핵전쟁 방지에 대한 선언"(1982년 9월 24일).
42 사목 헌장, 80항.
43 Ibid.
44 요한 바오로 2세 교황, "1982년 제15차 세계 평화의 날 담화", 12.
45 그리스도교 평화주의와 비폭력 전통을 다룬 대표적인 저자들은 다음과 같습니다. R. Baiton, *Christian Attitudes Toward War and Peace*(Abington: 1960),

4, 5, 10장; J. Yoder, *The Politics of Jesus*(Grand Rapids: 1972), *Nevertheless: Varieties of Religious Pacifism*(Scottsdale: 1971); T. Merton, *Faith and Violence: Christian Teaching and Christian Practice*(Notre Dame: 1968); G. Zahn, *War, Conscience and Dissent*(New York: 1967); E. Egan, "The Beatitudes: Works of Mercy and Pacifism," in T. Shannon, ed., *War or Peace: The Search for New Answers*(New York: 1980), pp. 169-187; J. Fahey, "The Catholic Church and the Arms Race," *Worldview* 22(1979):3841; J. Douglass, *The Nonviolent Cross: A Theology of Revolution and Peace*(New York: 1966).

46 성 유스티노 순교자, 『트뤼포(Trypho)와의 대화』, 1장 10; 『호교론』 1권 14장, 39도 참조.
47 치프리아노, 『서한 모음집』, 코르넬리우스에게 보낸 편지
48 술피치우스 세베루스, 『마르티노의 생애』, 4.3
49 사목 헌장, 79항.
50 Ibid., 78항.
51 미국가톨릭회의, 『우리 시대의 인간 생명』(워싱턴 DC, 1968), 44쪽.
52 사목 헌장, 80항.
53. Ibid.
54 요한 바오로 2세 교황, "과학자와 학자에게 한 연설" 4항, 621쪽.
55 "핵전쟁 예방에 대한 선언" 참조.
56 바오로 6세 교황, "1976년 세계 평화의 날 담화", *Documents*, p.198
57 "교황청이 UN에 보내는 서한"(1976), 『교회와 군비 경쟁』; "PaxChristiU.S.A. (뉴욕, 1976), 23-24쪽.
58 R. Adams and S. Cullen. *The Final Epidemic: Physicians and Scientists on Nuclear War*(Chicago: 1981).
59 교황청 과학원, "핵무기 사용 결과에 대한 담화", *Documents*, p.241.
60 요한 바오로 2세 교황, "1982년 제15차 세계 평화의 날 담화", 6, 476쪽.
61 다음은 현 정부에서 최고위급의 정책을 실행한 공무원의 글에서 인용한 것입니다. "이제는 최소한의 규모라 하더라도 핵무기를 사용하게 되면 확실히 제한적으로 하게 될 것이라는 사실을 믿을 수 있을 만큼 설득력 있게 이유를 제시할 사람은 없다는 사실을 인정해야 할 때입니다." M. Bundy, G. F. Kerman, R. S. McNamara and G.Smith, "Nuclear Weapons and the Atlantic Alliance," *Foreign Affairs* 60 (1982):757.
"나의 전투 경험에 따르면, [핵 확산을] 통제할 방법은 없다 … 정보 부족과 시간의 압박, 전투 중 양측 모두에서 발생하는 끔찍한 결과 때문이다." Gen. A. S. Collins, Jr. (전 유럽 미군 부사령관), *"Theatre Nuclear Warfare: The Battlefield,"* in J.F. Reichart and S.R. Stum, eds., *American Defense Policy*, 5th ed.(Baltimore: 1982), pp. 359-60.
"이런 잠재적 유연성 중 어느 것도 수소폭탄을 주고받는 총력전이 미국뿐 아니라

소련한테도 전례 없는 재앙이 될 것이라는 내 생각을 바꾸지 못한다. 핵무기 선제 사용때 아무리 표적을 선택적으로 설정한다 해도 열핵교환 총력전으로 비화될 가능성, 특히 지휘통제 센터가 공격당했을 경우 이 가능성을 배제할 방법은 완전히 불투명하다. 전술적으로든, 전략적으로든 무기가 사용되면 통제력을 모두 잃게 되고, 핵폭탄을 주고받는 일도 막을 수 없을 것이다." Harold Brown, *Department of Defense Annual Report FY 1979* (Washington, D.C.: 1978).
The Effects of Nuclear War(Washington, D.C.: U.S. Government Printing Office, 1979)도 참조.

62 예를 들어, H. A. Kissinger, *Nuclear Weapons and Foreign Policy* (NewYork: 1957), The Necessity for Choice (New York: 1960); R. Osgood and R. Tucker, *Force, Order and Justice* (Baltimore: 1967); R. Aron, *The Great Debate.- Theories of Nuclear Strategy* (New York: 1965); D. Bafl, *Can Nuclear War Be Controlled?* Adelphi Paper 161 (London: 1981); M. Howard, "On Fighting a Nuclear War," *International Security* 5 (1981):3-17.

63. "핵무기 사용 결과에 대한 담화", 243쪽.
64. 비오 12세 교황, "제8차 세계 의사회 총회 연설", *Documents*, p.131.
65. 사목 헌장, 80항.
66 Ibid.
67 M. Bundy, et al., "Nuclear Weapons," cited, K Kaiser, G. Leber, A. Mertes, F. J. Schulze, "Nuclear Weapons and the Presentation of Peace," Foreign Affairs 60 (1982):1157-1170. Bundy의 글에 대한 *Foreign Affairs* 동일 호에 실린 다른 글 참조.
68 이 사목 서한을 준비하는 동안, 전미가톨릭주교회의가 증언하였습니다. 증언은 주 [61] 인용문에 담겨 있습니다.
69 요약에서 밝혔듯이, 이 분야에서 우리의 결론과 판단은 윤리 원칙의 적용과 반영, 신중한 연구에 기반을 두고 있지만, 당연히 그 자체가 원칙과 같은 힘을 갖고 있는 것은 아니므로, 다른 의견도 허용합니다.
70 요한 바오로 2세 교황은 제한전에 대한 길고 상세한 기술적 논쟁을 확실히 인지하고, 1981년 12월 13일 "일반 알현 강론"에서 핵전쟁 문턱을 넘어서는 것은 윤리적으로 수용할 수 없는 위험을 지니고 있다는 점을 강조했습니다. "사실 과학적으로 확실하게 예측이 가능한 핵전쟁의 영향에 비추어 볼 때, 나는 윤리적이고 인본적으로도 타당한 유일한 선택이 장래의 완전한 제거를 목표로 하는 핵무기 감축이고, 당사자 모두가 명시적으로 합의하고 효과적 통제를 약속함으로써 동시에 이행할 수 있을 것이라는 깊은 확신이 있습니다." *Documents*, p.240.
71 W. H. Kincade and J. D. Porro, *Negotiating Security: An Arms Control Reader* (Washington, D.C.: 1979).
72 예를 들어, 다음과 같은 연구가 가능합니다. J. H. Kahin, *Security in the Nuclear Age: Developing U.S. Strategic Policy* (Washington, D.C.: 1975); M. Mandelbaum,

The Nuclear Question: The United States and Nuclear Weapons 1946-1976 (Cambridge, England: 1979); S. Brodie, "Development of Nuclear Strategy," *International Security* 2 (1978):65-83.

73 정부 정책에서 이 두 수준 간의 관계는 다음 글의 주제였습니다. D. Ball, "U.S. Strategic Forces: How Would They Be Used?" *International Security* 7 (1982/83):31-60.
74 사목 헌장, 81항.
75 가톨릭전국주교회의(워싱턴 D.C., 1976), 『예수 그리스도 안에 살기(To Live in Christ Jesus)』, 34쪽.
76 존 크롤 추기경(1979), "SALT II에 대한 증언", Origins, 197.
77 요한 바오로 2세 교황, "UN 특별 군축회의에 전한 메시지" (1982), 3
78 Ibid., 8
79 요한 바오로 2세 교황, "1980년 유네스코 담화", 21
80 요한 바오로 2세 교황, "핵 갈등의 세계적 영향에 관한 국제 세미나에 보내는 서한" 1982년 8월 23일, 1982년 8월 24일 미국가톨릭뉴스 다큐멘터리 텍스트.
81 국가 안보 보좌관 윌리엄 클라크 씨가 1983년 1월 15일에 베르나르딘 추기경에게 보낸 편지가 특히 도움이 되었습니다. 클라크 씨는 다음과 같이 적었습니다. "윤리적, 정치적, 군사적 이유로 미국은 엄밀한 의미의 소련 민간인들을 표적으로 삼지 않습니다. '엄밀한 의미의'라는 단어는 불투명하게 보이기 위한 것이 아닙니다. 우리는 소련 도시들을 위협하는 것으로 소련 문명의 존재를 위협하진 않습니다. 오히려, 우리는 소련의 전쟁 능력, 그들의 군대와 전쟁을 지속할 수 있는 산업 능력을 위협으로 봅니다. 소련 사람들에게 인구 과밀지역에 특전을 갖는 성소들을 설립하는 것이 그들에게 유리할 것이라는 점을 시사해서, 그들이 그들의 전투 능력의 상당 부분을 시내 성지에 배치하도록 유도하는 정책 제안을 발표하는 것은 무책임합니다." 정부 정책은 와인버거 장관의 연례 회담(Caspar Weinberger, Annual Report to the Congress, February 1, 1983, p. 55)에서도 재확인되었습니다. "레이건 행정부의 정책은 어떤 경우에도 이 무기들을 의도적으로 민간 지역의 파괴를 목적으로 사용하지 않는 것입니다." 오코너 주교가 1983년 2월 9일 와인버거 씨에게 보내는 서신에도 비슷한 내용이 담겨 있습니다.
82 S. Zuckerman, *Nuclear Illusion and Reality* (New York: 1982); D. Ball, cited, p. 36; T. Powers, "Choosing a Strategy for World War III," *The Atlantic Monthly*, November 1982, pp. 82-110.
83 교황청 과학원의 "핵무기 사용의 결과에 대한 담화"에 인용된 논평을 참조합니다.
84 일부 전략 이론 전문가들은 MX 미사일과 퍼싱II 미사일을 이 범주에 둡니다.
85 이 사목 서한의 몇 개의 초안에서 우리는 핵심 윤리 명령을 표명하려 노력했습니다. 즉, 군비 경쟁을 중단하고 군축을 시작해야 한다는 것입니다. 이 명령의 적용은 다양한 접근 방식에 열려 있습니다. 그러므로 우리는 이 문단에서 특정한 정치적 계획으로 간주되거나, 특정 정치적 수단에 반대하는 것으로 여겨지지 않도록 우리

고유의 언어를 선택했습니다.
86 로널드 레이건 대통령의 "Speech to the National Press Club" (November 18, 1981), "Address at Eureka College" (May 9, 1982), 미 국무부, Current Policy no. 316 and 387.
87 요한 바오로 2세 교황, "배징턴 공항에서 행한 강론", 1982년, 코벤트리, 영국, 55.
88 1974년 7월 3일 서명된 "최초 실험 금지 조약(Threshold Test Ban Treaty)"과 1976년 5월 28일 서명된 "평화적 목적을 위한 핵폭발 실험조약(P.N.E.)"을 말합니다.
89 요한 바오로 2세 교황, "UN 특별 회의 연설"(1982), 2.
90 와인버거가 오코너 주교에게 보낸 편지에는 핵무기를 무분별하게 발사할 위험성을 줄이기 위해 지휘와 통제 시설에 취한 조치를 명시하고 있습니다.
91 Ibid. 미국가톨릭주교회의, 기존 무기 거래 통제에 대한 제안에 관해 다음 자료를 참조하십시오. "무기 수출 정책, 2호 - 윤리적 선택(At Issue 2: Arms Export Policies-Ethical Choices)" (1978, Washington D. C.).
92 1976년 국제 보안법(International Security Act)은 이 같은 인권 보장에 대한 검토를 명시합니다.
93. 요한 바오로 2세 교황, "UN 총회 연설", Origins, (1979) 268
94 요한 바오로 2세 교황, "배징턴 공항에서의 강론", 1982년, 코벤트리, 영국, 55쪽
95 사목 헌장, 78항
96 G, Sharp, The Politics Of Nonviolent Action(Boston, 1973); R. Fisher and W. Ury, Getting to Yes: Negotiating Agreement Without Giving In(Boston,, 1981)
97 요한 바오로 2세 교황, "1982년 세계 평화의 날 담화", 7, 476.
98 미국 평화 아카데미 설립: 평화와 분쟁 해결 학술 위원회(Academy of Peace and Conflict Resolution) 보고서(Washington D. C, 1981), 119-120쪽.
99 미국가톨릭회의, 『병역과 징병제 선언』(Washington D.C., 1980); 또는 Human Life in Our Day, 42-45쪽 참조.
100 바오로 6세 교황, 『민족들의 발전』(1967), 76항.
101 Cf. V. Yzermans 편저, Major Addresses Of Pius XII, 2 Vols(St. Paul: 1961)과 J. 그레밀리언, The Gospel Of Peace and Justice.
102 요한 23세 교황, 『지상의 평화』(1963), 80-145항.
103 상호 의존에 의해 제기 된 정책 문제와 가능성에 대한 예는 R. O. Keohane과 J. S. Nye, Jr., Power and Interdependence(보스턴, 1917) 또는 S. Hoffmann, Primacy or World Order(NY, 1978), 해외 개발 협의회, The U.S. and World Developments, (Washington D. C., 1979, 1980, 1982) 참조.
104 요한 23세 교황, 『지상의 평화』(1963), 137항.
105 이것은 특히 1979년과 1982년 두 차례에 걸친 군축 특별회의에서 확인할 수 있습니다.
106 미국가톨릭주교회의, 『마르크스주의적 공산주의』(Washington D. C., 1980), 19쪽.
107 미국-소련 관계에 대한 토론은 광범위한데, 최근의 예는 다음과 같습니다. A. Ulam,

"U.S.- Soviet Relations: Unhappy Coexistence", *America and the World, 1978; Foreign Affairs* 57 (1979) : 556-571쪽. W. G. Hyland, "U.S.- Soviet Relations: The Long Road Back", *America and the World, 1981, Foreign Affairs* 60 (1982) : 525-550쪽. R. Legvold, "Containment Without Confrontation", *Foreign Policy* 40 (1980) : 74-98쪽. S. Hoffmann, "Muscle and Brains", *Foreign Policy* 37 (1979-1980), 327쪽. P. Hassner, "Moscow and The Western Alliance", *Problems of Communism* 30 (1981),37-54쪽. S. Bialer, "The Harsh Decade: Soviet Policies in the 1980's", *Foreign Affairs* 59 (1981) : 999-1020쪽. G. Kennan, *The Nuclear Delusion: Soviet-American Relations in the Atomic Age*(New York : 1982), N. Podhoretz, *The Present Danger*(New York : 1980); P. Nitze, "Strategy in the 1980's", *Foreign Policy* 59 (1980),82-101쪽. R. Strode와 C. Grey, "The Imperial Dimension of Soviet Military Power", *Problems of Communism* 30(1981), 1-15쪽. 국제 전략 연구 연구소(International Institute for Strategic Studies), *Prospects of Soviet Power in the 1980's* 1부와 2부, Adelphi Papers 151 and 152 (London, 1979); S. S. Kaplan편저, *Diplomacy of Power: Soviet Armed Forces as a Political Instrument*(Washington, D.C.: 1981); R. Barnet, *The Giants: Russia and America*(NY: 1977); M. McGuire, *Soviet Military Requirements*(The Brookings Institution : Washington, D.C., 1982); R. 터커, "The Purposes of American Power", *Foreign Policy* 59(1980/81) 41-24쪽. A. Geyer, *The Idea of Disarmament: Rethinking the Unthinkable*(Washington, D.C., 1982). 조약 준수에 대한 소련의 고찰을 검토할 수 있는 자료는, "Analysis of an 'Anti-SALT' Documentary," 미국 정부 기관(국무부, 국방부, CIA, ACDA 와 NSC)이 작성한 보고서, *The Defence Monitor* 10, 8A(재판), 국방 정보 센터 참고.

108 요한 바오로 2세 교황, "1983년 세계 평화의 날 담화", 7.
109 요한 바오로 2세 교황, 『인간의 구원자』 26항, *Origins* 8(1980), 635.
110 이 인용문과 이에 대한 설명은 R. S. McNamara, *Report to the Board of Governors of the World Bank*(Washington, D.C., 1978, 1979, 1980년)에서 찾을 수 있다.
111 요한 바오로 2세 교황, "양키 구장에서 행한 강론", 4, *Origins* 9 (1979), 311.
112 바오로 6세 교황, "UN 정기 총회 연설" (1965), 2
113 사목 헌장, 81항.
114 Hoffman 인용문, 군축과 안보 문제에 대한 독립 위원회, 『Common Security』 (NewYork, 1982)
115 자원 재할당 정책 문제 분석은 다음을 참조하십시오. Bruce M. Russett, *The Prisoners of Insecurity*(San Francisco, 1983) 참조; *Common Security;* Russett, 위 책 참조; U.N., *U. N. Report on Disarmament and Development*(NewYork, 1982); U.N., *The Relationship Between Disarmament and Development: A Summary,* 자료 21(NewYork, 1982)

116 요한 바오로 2세 교황, "인간의 구원자" 21항, 641쪽; 대부분의 내용은 A. Dulles, 『믿는 교회: 제자도와 자유의 역동(A Church to Believe in: Discipleship and the Dynamics of Freedom)』(뉴욕, 1982), 1장의 내용 대부분을 반영하고 있습니다.
117 요한 바오로 2세, "1982년 세계 평화의 날 담화", 4, 475쪽.
118 바오로 6세 교황, "1977년 세계 평화의 날 담화"
119 사목 헌장, 79항.
120 요한 바오로 2세 교황, "과학자와 학자에게 한 연설" 4, Origins 10, 621.
121 Ibid.
122 '사목헌장, 75항.
123 요한 바오로 2세 교황, "히로시마 연설", 2, Origins 10(1981), 620.
124 사목 헌장, 75항.
125 『우리 시대의 인간 생활(Human Life in Our Day)』, 41쪽.
126 요한 23세 교황, 『지상의 평화』(1963), 137항.
127 바오로 6세 교황, "UN 정기 총회 연설" (1965), 2.

역자

고민정 마리아_

이화여자대학교 대학원 북한학과 석사. 연구 업적으로는 『신문「조쏘친선」기사와 구호로 본 북한의 소련 담론 변화』,『Comparison of Soviet Aid to North Korea and North Vietnam in the 1950s and 1960s』등이 있다.

세일러문으로 일본어를, 프렌즈로 영어를 배웠다. 한국사회를 이해하려면 북한과 통일에 대해 공부해야 할 것 같아서 북한학 공부를 했다. 한국에 오래 있으면 아파서 계속 돌아다닌다.

김예슬 아기아가타_

이화여자대학교 통역번역대학원 영어번역학과 석사. 가톨릭동북아평화연구소 미래세대연구자 모임 '샬롬회' 회원. 서울대교구 청소년국 청년부 '번역부' 봉사.

책, 커피를 무척 사랑하고, 은은한 무지개 빛을 좋아하며, 다양한 분야에 두루두루 관심이 많다.

박민아 루치아_

가톨릭대학교 미디어공학 석사. 커뮤니케이션 컨설턴트.

밝고 맑고 행복하게 살다 하느님 품에 드는 게 꿈이다. 하느님께서 온 힘을 다해 내 인생에 좋은 것만 주고 계심을 믿는다.

장은희 아녜스_

가톨릭대학교 종교학과 석사. 천주교 의정부교구 민족화해위원회 교육홍보. 가톨릭동북아평화연구소 미래세대연구자 모임 '샬롬회' 회원. 〈가톨릭평론〉(2019), 한국가톨릭여성연구원〈품지〉, CBCK〈경향잡지〉에 기고.

'장상냥'이라 불리면 친절해질까싶어 몇 년째 닉네임으로 쓰고 있다. 반전이 주는 짜릿함을 좋아하여 스스로 반전을 주기 위해 노력하는데 독서와 운동만큼 좋은 방법이 없다.

양서희 카타리나_

서강대학교 신학대학원 신학과 석사과정 재학 중. 서울대교구 청소년국 청년부 연구간사. 가톨릭동북아평화연구소 미래세대연구자 모임 '샬롬회' 회원. 서울대교구 문화홍보국 바티칸뉴스 한국어 페이지 번역팀(2017.04~2020.04)

새로운 일을 하는 것을 좋아한다. 특히 글을 만지는 일을 좋아한다. 학창시절 영어가 지겨워 영어로 하는 일은 하지 않겠다 굳게 마음먹었지만 어느 순간 성령의 도움 속에 번역을 하고 있는 자신을 발견할 때마다 이렇게 작고 모자란 사람을 돌보시는 하느님의 엄청난 은총을 깨닫는다. 그리고 그 은총을 통해 세상과 연대를 꿈꾼다.

정승아 테레지아_

서강대학교 신학과 석사과정 수료.《경향잡지》취재·편집.

목적 없이 외국어를 뒤적이는 일을 좋아할 뿐인데 어디엔가 쓸모가 있을지 모를 작업을 함께 할 수 있어 감사하다. 새로운 외국어라면 과자상자 앞의 아이처럼 눈이 돌아가지만 가장 잘 알아듣고 싶은 말은 '당신'의 말이다.

감수

박은미 헬레나 박사(곽스 크리스티 코리아 상임대표, 한국가톨릭여성연구원 대표)

The Challenge of Peace :
God's Promise and Our Response
A Pastoral Letter on War and Peace
by the National Conference of Catholic Bishops
May 3, 1983

평화의 도전:
하느님의 약속과 우리의 응답
전쟁과 평화에 관한 미국 주교회의 사목 서한

교회인가 2020년 5월 27일 천주교의정부교구 이기헌 주교
인쇄일   2020년 6월 25일 초판 1쇄 발행

지은이   National Conference of Catholic Bishops(U.S.A.)
번역   고민정, 김예슬, 박민아, 양서희, 장은희, 정승아
감수   박은미
펴낸이   강주석

펴낸곳   가톨릭동북아평화연구소
주소   경기도 파주시 탄현면 성동로 111 가톨릭동북아평화연구소
전화   031-941-6238
팩스   031-941-6237
전자우편 publ-cinap@hanmail.net
등록   제406-2018-000071 (2018년 6월 18일)

ISBN 979-11-964214-4-1(03230)

Copyright ⓒ 1983, United States Catholic Conference, Inc., Washington D.C.
ⓒ 가톨릭동북아평화연구소. 본 저작물은 저작권법의 보호를 받는 저작물이므로 무단 전재와 복사를 금합니다.

이 도서의 국립중앙도서관 출판예정도서목록(CIP)은 서지정보유통지원시스템 홈페이지(http://seoji.nl.go.kr)와
국가자료종합목록 구축시스템(http://kolis-net.nl.go.kr)에서 이용하실 수 있습니다.
(CIP제어번호: CIP2020023978)

미국 주교회의 Virginia Farris 님이 한국어판 출판에 큰 도움을 주셨습니다.